遙古的寧靜

葉含氤——著

推薦序　閑心優遊，閑情遣興

作家　楊明

我沒有綿長的細瑣要說，流年迢遙，只願你長安。——葉含氤

客居香港的時光靜謐，經常一連數日都是孤單一人，但是並不寂寞，我自顧自地興高采烈，計畫著去哪走走逛逛，盤算著上哪吃吃喝喝。每日晨起總會看看臉書，我貼文既是自己的日常紀錄，也是和朋友報平安，漸漸的我發現自己期待在臉書上看到含氤的貼文，也許是她上課與學生的問答交流，也許是她行過城市的片羽時光，像是聽一個朋友說話，逐漸有了熟稔的親切感。她也經常一個人四處行走，不但不孤單，而且態度從容，心靈充實，尤其讓人羨慕的是，她將途中

所遇所想轉化成優美雋永的篇章。

有時她也在臉書上轉貼自己發表的作品，含氤寫江南煙波文字靈秀，寫西安洛陽又見碩朗，筆隨行旅所至，除了中國大陸，還有日本。唐朝時，日本派許多留學生至中國學習，唐文化也因此傳入日本，在建築、書道、茶道中都可看出，就連精美細緻的和果子，其實也受到唐果子的影響，若由此歷史淵源來看，含氤的文字娓娓回溯，千年前的一草一木，那古老的氣質不是滄桑，而是溫潤，如玉石的難得，亦如陶皿的尋常，城市不再只是地表空間，她的心靈漫遊時間洪流，可回溯可停駐，依稀回返漢唐六朝。

我憶及初見含氤那日，是我的新書發表會，她告訴我中學開始便已是我的讀者，眼前的人既清靈亦沉靜，柔婉秀麗如荷，那時正是盛夏，感覺得到隱隱內斂卻又鮮明清晰的性格，不張揚，但對自己的選擇有堅持。後來我們成為臉友，我常常讀她的文字，更被吸引，她寫在西安的酒吧聽到的歌，在北京與故友的相聚，西湖曲院風荷遇到一隻怡然自得的鴨，京都或馥麗或素美的香鋪，關西古意盎然的長谷寺，也是因為含氤，我才知道香港沙田有座歷史近百年的道風山，是一處採中國風格興建的基督教叢林。

散文，許多人寫，寫得好卻不容易；新冠病毒出現前，眾人不時安排出遊，遊罷紀錄所思所感，所見所聞的旅遊文學，也經常可見。然而如何在一樣的風景中看到不一樣的情致，還能深化領悟，融入自己的觀察，遇見行旅者的故事，再以適恰的文字紀錄，珍重卻不浮誇，形容恰如其分但不減損想像，讀後還有餘韻，其實並不容易。梁遇春在〈途中〉曾經寫道：「只有自己發現出的美景對著我們才會有貼心的親切感覺，才會感動了整個心靈，而這些好景卻大抵是得之偶然的，絕不能強求。」含氤寫旅途，便有著親切，因為她的出發已經別有用心，想看看木心走過的路，昭明太子讀書處；但又能隨心隨興遇見片兒川嘗出滋味，走進寺廟只為聽一回風聲；城郊柿子林裡第一次吃拐棗，吃時連果子的名字都還不知曉；透過一款名喚素錦的香和一位名喚素錦的女孩，隱約發現人與物彷彿也有前世今生。

用心隨興增加了含氤散文的內蘊，文字優美，描寫細膩，也提高了閱讀時的情味。「阡陌水巷晨霧縈繞，感覺時間一直往後退去，空氣嗚唱出一陣楚辭的氤氳。」又如：「感覺那文字，是黃河之水天上來，是尋常人寫不出的日出雲霓；而那靈思，是無欲則剛的凜然，是方寸之間的氣勢磅礴，也像月夜的風，走到哪裡都聞得到清逸香氣，那香氣，從漢魏六朝來的。」她寫京都：「忽見大風揚起高懸的五色幡，映著日陽，金金麗麗，像燦爛盛開的繁花。心想，唐朝的風，應該也是這樣的。」字裡行間典雅古樸，思維澎拜，卻又讀來沉靜。她對時空的觀察不僅表面感官體會，看到的聽到的嗅到的觸到的嘗到的，是沉澱後更深一層的領悟：「一個地方，聲音的濃度必須低於空氣，才能透顯出光亮。」當含氤在杭州遇到往靈隱寺還願的老先生，心想「迢迢而來只是去道聲謝，圓一場天人之間的約定，這樣的情懷，多麼謙遜可貴。」即使相遇陌生，她也看見深情。

「『沉』，是閱歷盛景後，對渾金與璞玉的取捨；『寂』，是眾聲喧嘩後的靜謐。兩者都是從光彩喧鬧處走來，來得曲折迂迴，卻是回歸天地間最純然的狀態。」看到含氤寫的這段文字，我突然明白了，為什麼靈動的她予人一種安靜從容的印象，我認識她是緣於文字，一字一句疊出沛盈，於是懂得安靜的是性情，透徹的是思維，含氤書中說：「遠天荒廓，但我有的是閑心閑情，可優游遣興，感覺清貴與淡古。」如果你也有過這樣的經驗，一定會喜歡這本書。投契，就是這兩個字，透過文字，讀者與作者交換了心情與感悟，天地壯闊，歲月悠長，有幸在此相遇，共享怡然恬靜，從容自在。

推薦序　天地與人心的互感

佛光大學佛教學系教授　郭朝順

含氤是我剛在大學哲學系任教最初的導生，雖然她一年之後便轉到中文系，但她總還一直愛來我研究室，喝杯咖啡，閒談幾句，直到畢業。多年以來，她一直與我保持聯繫，近年來她創作旺盛，而且風格日趨沉穩清雅，三年前她出版了第一本散文集《晻艷處細雪飄落》，我便十分驚艷她寫京都，寫佛寺，寫著與許多人的相遇。十分高興她自己徐徐前行，終於凝煉出屬於自己的文風。

含氤常寫古寺、古蹟的遊賞，然而我看到的不是一般的遊記，而是她在悠遊之際，與她所懷想的文人、雅士乃至歷代高僧大德，也與旅途所遇或思念的人們，在時空交錯之際彼此相會，所以她寫景固是極美，但最動人處則在古今相照地直指人心。

含氳的第二本書，名為《邃古的寧靜》，稟持相同的風格，分為上下二篇，上篇題為「山煙起」，從烏鎮的遊歷啟篇，她寫去烏鎮看木心的故居，她帶著追尋前人足跡的心意來到此處遍地踏尋，但她又寫道：「其實，見到又如何？沒見到又如何？有著迢迢而去的心意，然後盡興而返，不也是一種天真，一種沒有任何雜念的誠心誠意。」

以此天真誠心，含氳走訪杭州、洛陽龍門、西安終南、香港與京都等地，所訪之處，必有她崇仰傾心的歷史、人物與文章。是以含氳行坐所思，自然也不會只是風景之殊麗，而在於她與古今文章人物照面當下之寸心。

此照面不在於有多少典故可供吟詠，而在於投身縱入古今交會，體得天地與人心互感為一。

也因此，她看到靈隱寺默禱香客會興起「迢迢而來只是去道聲謝，圓一場天人之間的約定」；看到西湖曲院風荷的鴨子，也能直見「內心樸素而潔淨，像雪一樣美」；看到西安古銀杏樹間的花貓，也能發出如斯之情懷「古樹褪盡鉛華的虛懷，花貓安適婆娑的顧盼，施施然，彼此相伴如莫逆，又於六塵中不離不染，別有一種廣天闊地的浩蕩慈悲。」

下篇「人間好」，有別上篇從歷史情懷入手，而是描寫人間尋常生活的清歡滋味。含氤筆下所書，盡是她真心相交，或萍水相逢的友朋，這些在尋常日子中的生活。她對人物雖然著墨不太多，但都活靈活現，極有性格，且每個人都似有一番值得傾聽的生活故事，像極一篇篇短篇小說。我尤喜她寫雍和的祖母趙丹。

趙丹的故事是一個大時代下的尋常故事，在戰亂與生死離別的苦難中過了大半輩子，一直到年老與孫女相依為命才憶起，十五歲那年，家鄉寺院和尚告訴她何謂修行，「修行是讓自己可以處於安靜之中」。含氤寫道：

「她在最燦爛的年月，遇上了兵燹，從那一村到這一村，逃難似的走入婚姻，也配合著別人的人生。一輩子顛簸庸碌，到了晚年才能為自己做一件事。她彷彿用一種無聲的堅定，實踐她的意念，回歸她的本心。」

於是趙丹開始茹素修行。而當安靜生活之企求，與文末趙丹年輕時的照片相映時「照片裡是一個年輕女子，站在落地的格子窗前，及肩的髮，一雙眼睛猶自清亮。」這安靜的心願在含氤筆下，彷彿讓趙丹得以重回十五歲少年之素樸潔淨，令人感到一種寬慰。

而當含氤在大雁塔旁，看到一位男子的心緒躊躇地祈禱，聯想到唐玄奘當年未成願行誓不東歸的往事時，「我望著他離去的背影，看著佛前燭火爍爍，願他心中也燃起一盞潔淨的光。……『不東』是玄奘的心念，卻也因為他一心執念，讓逝川流水不絕，讓人的雙眼，在迷霧之時，猶能找到明亮光潔。」（〈不東〉）

她緩緩地來到古佛寺院或人間道場，靜觀人世種種經由歲月所結成之情義琥珀，為眾人娓娓道來。我想含氤懂得宗教之美善，在於她能夠溫潤眾生孤苦彷徨之心地，而不在於宗教的玄思妙想。

含氤此書較諸前作，越來越懂得由日常生活中，提煉出人生中的平淡滋味，「人間事哀喜交纏，而光陰越陌度阡，有過眼雲煙，有錐心刺骨，時間一久，卻也在心頭刻鏤出別開生面的和諧來。」（〈誰說青春回不去〉）

正因平淡和諧，所以也就覺「人間好」。

我是慣於寫佛教哲學論文之人，對含氤從來沒能夠提供些許文學上的助益，這篇序文寫得也很是學究，深怕不能為本書增添光彩。幸喜她還記得昔日的咖啡與閒談，毫不介意於此。有感於她涓滴成流的情義，謹以此序回應她的素來的真心。

正逢疫情蠭起，人心與語言混亂相傷，期待這本書的出版，給這個世界一點清淨與安心！

目次

人間好 123

山煙起

人間忽晚，夏色已隨雲天去

一陣秋雨，兩盞淡酒，三分閒情無恙，四方歲月天地長

在烏鎮

從上海搭了兩小時的巴士來。是七月大暑，高速公路上，沿路都是夾竹桃，紅白相間，還有幾株柳樹菩提與銀杏錯落。進浙江後，公路旁開始出現整片的荷塘，水塘間有幾支白荷擎起。往烏鎮的巴士上不到十人，位置坐得零星空落。初時我想來烏鎮，就以為全世界的人都想來烏鎮，出發前還一度擔心買不到票，或是排隊排太久，沒有想到，僅花幾分鐘就搭到了車。

是日天陰，颱風剛過，帶一點雨絲在後頭。抵達烏鎮時，天已放晴。走出汽車站，尚分不清四方，即有人來招徠住宿，我貪圖接送方便，又聽說是住東柵，就跟那人去了。那時本以為走的是捷徑，卻不知走了迂道，之後，才知悔。

烏鎮分為東西南北四個區域，每個區域都以水道為中軸，遊客常去的是東柵與西柵。

東柵尚有住戶，水岸兩旁是住家，外觀還留著舊時風貌，木造房屋不燦亮，偶見淹霉之痕，卻是樸樸古色。據書上記載，大約十多年前，東柵有著比西柵更具規模的古老民屋，那時的西柵還是一片荒煙野地。但近幾年來西柵已開發成光鮮亮麗的觀光新貴，由一家旅業公司管理。要說乾淨舒適，西柵為上，相較之下，東柵是沒落蕭索了。十數年光陰，物換星移。

選擇住東柵，是因為木心故居在此處。可是，晚上入住時民宿主卻說：「木心故居現在不給進了，而且裡面也沒有什麼東西。」

我聽了詫異，查到的網路資料並沒有說不開放，我耳朵聽著，但不想細問，想隔日親自走一趟看看狀況。

翌日清早，沿街散步，寧靜的狹長石街帶著江南的水氣。烏鎮的水，是沉靜的，它溶溶漾漾地流著，用的是不起波瀾的緩速。這樣的速度，剛好適合散步。面望對岸，有老婦坐在河埠的台階上，撩起袷裙，彎身洗衣，水聲淅淅瀝瀝，水珠濺在她的手臂與腳腿。此時，水閣人家的小木窗也開始一個個地往外咿呀推開，用木棍撐起。阡陌水巷晨霧縈繞，感覺時間一直往後退去，空氣嗚唱出一陣楚辭的氤氳。

一個地方，人要少，才有靈性，東柵的清晨就是如此。

我走過小橋，看見兩三家賣早點的店家正包著餛飩，這裡的人似乎習慣以餛飩為早餐。那餛飩的樣式，很特別，像頂官帽，模樣英挺挺，大而神氣。也難怪古代稱此地為魚米之鄉，人唯有滿足了基本的生理需求，才會有心思往更精緻處走去。想起木心的詩句：「有時，人生真不如一行波特萊爾／有時，波特萊爾／真不如一碗餛飩」。

此時時間還早，我因昨晚住在東柵裡，可以在清晨時逡遊，一般遊客要八點過後才能進來。走到茅盾故居，拍了張照，正要邁開腳步往前行，角落的一位保安出聲提醒：「出去就不能進來了。」

原來，茅盾故居已經是東柵的邊界了。我借機問：「木心故居在哪裡？」

他說：「在東邊。」

「那這裡是？」

「西邊。」

我本想問得更詳細些，比方說木心故居是否有開放？因為昨晚民宿主人跟我說，那裡不開放了。可是那位保安回答得非常平和，也沒提醒什麼，一副就是木心故居就在那裡，你想去就去的模樣。於是我向他道了聲謝，心裡篤實了起來。

我又沿街走回去。東柵大街是微微曲彎的石坂路，房舍櫛比鱗次，都是清一色的樣式：烏青瓦，白粉牆，褐木門，是遙遠的陳舊與斑駁，彷彿數百年走來的青石歲月。

走著走著，路過了我住的民宿，再路過一座拱門牌樓，又往東步行不到五分鐘，就在這街的盡頭，看見了木心故居的旗幟，沉沉的大面木門中間嵌著古銅色金屬門牌，寫著：「木心故居紀念館」，圖像設計帶著古典主義的貴族氣派。

東柵大街的西東兩側，分別為茅盾故居與木心故居。木心在書裡曾說，他以前常常到他遠房親戚茅盾家裡找書看，那是他童年的瑯嬛福地。想著他當年就是沿著我剛才走過的這條街，從自家孫宅，走到西邊的沈宅，就覺得這街道斂含著無窮的語言。

木心故居，是我此行的唯一目的，是我從台北到上海，從上海到烏鎮的一念執著。數年前我正讀《文學回憶錄》，那時做過一個夢，夢見我跟很多人一樣參加了木心的文學課，就是書裡的場景，我猶記得他在夢裡跟我說了句：「你踩著意念而來。」如今我踩著東大街，由東至西，再由西返東，那執著的一念，是自喜，喜不自勝。

因為這份喜悅，我可以忘掉發生在身上讓人不喜的贅物，像那讓人非常不舒服的住宿環境，與那讓人信任不了的民宿主人。那人為了做成生意，話說得誇大而輕佻，事後證明他說的話裡，十句有九句假，剩餘的那句是油舌。但，這些我都可以不在意，只要那個有木心的烏鎮還在。

最早知道木心，是在書店架上看到印刻出版的一套書，書封顯眼，十多本各配以不同的顏色，顏色有綺媚，有清雅，圖案皆是同樣的極簡風。有天，我從眾多書堆裡抽出了一本，連著讀了好多頁，站得腳痠了，就找張椅子坐下，讀著讀著心緒愈漸震動，感覺那文字，是黃河之水天上來，是尋常人寫不出的日出雲霓；而那靈思，是無欲則剛的凜然，是方寸之間的氣勢磅礴，也像月夜的風，走到哪裡都聞得到清逸香氣，那香氣，從漢魏六朝來的。從那時起，我開始一本一本地讀木心。

東柵九點之後，哄哄鬧鬧，旅行團開始接連湧入。進故居要先上網預約，我沒預約，但因為我抵達的那個場次還有名額，館員特別通融，我才得以進入。故居是三進院落，分別展出木心生平、繪畫、文學等資料文物。第三進的屋子裡播放著木心在紐約講文學史的錄像。電視前方站了好些人，久久不散，皆凝神觀看著影中人的說書風采。我也是那圍著電視的眾人之一，一直看到周遭的人陸續離去。

待了半小時後，我才走出第三進的屋室，獨自在庭院佇足了一會兒，猶聽見室內木心影片裡的聲音：「後世評嵇康，各家各言，最好的評語，四個字：興高采烈。……」

「興高采烈」啊！我也是興高采烈尋來的。不禁心底恍然一動。

故居庭院雖小，卻雅致，庭間有紫薇開著小花，有檸樹結著青果，還有一叢碧竹臨風搖曳，整個院子盈盈綠綠，如先生的一身靜氣，滿目清光。

這時，外街已不見八點以前的素樸與明潔。整個東柵都是烏烏泱泱的人來人往，漫天揚起的是忽忽急塵，隨之落下的是昏昧迷津。一個地方，聲音的濃度必須低於空氣，才能透顯出光亮。整個東柵，大概也只有這一方丈之地，尚含藏著低聲吟詠的力量。

走出木心故居後，我沒有再去染布坊、釀酒坊……，我甚至連茅盾故居也沒進去。回民宿收拾行李後，穿越滿街摩肩擦踵的人潮，在景區外邊招了輛人力車載我到汽車站，離開了烏鎮。

昭明太子讀書處

木心在其散文曾提到：「我家後園的門一開，便望見高高的壽勝塔，其下是『梁昭明太子讀書處』……」

我因為讀這篇文章，心甚神往，因而計畫了這次的烏鎮之行。

從上海南站搭巴士抵達烏鎮，大概早上十一點。那日適逢節氣大暑，日熾豔天燠熱。我買票進西柵，迎面而來的是一堵高大的白牆，屋頂是青烏瓦，牆垣邊一株紫薇，樹不高，尚不及白牆的三分之一，但絲毫不自卑地恣意開著紛麗的紫花。

烏鎮隔著運河分東柵西柵。東柵民屋猶存，尚有古風，而西柵是近幾十年仿古重修的區域。也因此，西柵街道較為乾淨敞亮，沿街許多賣傳統食物的商店，還有展示舊時的服裝棉被店與客棧等等建築。

我到時因為時候還早，遊客並不多，雖然天熱，但走來還算閑適。走累了，就進涼茶店，喝一杯消暑茶。還有些店家賣些洛神花、杭菊、玫瑰等等可送人的小禮品。途經一家輕食店，門口玻璃窗貼著：「也可以豔遇，也可以充電」，頗有年輕人的詼諧。

沿著西柵大街走著，邊看邊逛，大概過了兩點，街上的遊客逐漸多了起來。我為了躲避豔陽，不覺地走進一家賣線香的店家。我有點香的習慣，故而在裡面逛了好一會兒。看到一款香盒寫著「昭明太子閱讀香」，心中莞爾，誰知道南朝梁昭明太子讀書時焚的是什麼香？還是點了這香，會如蕭統一樣睿智有才情？

不論如何，我當下也有了判斷，在此處看見這樣商品，表示「昭明太子讀書處」應該就在附近了。

只是我腦波弱。我可以不買洛神杭菊，但我願如蕭統一般聰睿，就算是商人的行銷手法，我也願意買單。於是臨出門前，拿了一盒線香結帳。說實話，它點起來是什麼味道，我其實並沒聞清呀！

結帳時趁勢問了一下店員：「昭明太子讀書處在哪裡呢？」

那姑娘答：「妳指的是『昭明書院』吧？出門往左走，過了小橋就到了。」

於是我走出店家，果真步行不到三分鐘，就看見「昭明書院」的匾額。原以為地方不大，進門卻發現別有洞天。這確實是一座貴族大院。前庭敞闊，有四眼水池，池裡有蓮花有鯉魚，四周高樹巍峨。其間有個門樓式石坊，這個石坊是明代建立的，上面刻著「六朝遺跡」四個大字。通過了前院，緊鄰著就是中國風格的硬山式建築。此處屋舍雖是修繕過的，但已是西柵最有古色的地方。

據烏鎮地方誌記載，昭明太子三歲時，隨著老師沈約到此處讀書。當時建有書館一座，後來毀壞。直到明朝時，烏鎮居民緬懷舊跡，才又修立。再後來，因時代動盪，文化浩劫，此地又圮毀荒漫，近四十年整繕數次，才有今日之景。

如今，有人在池邊看魚，有人拿著相機拍照，有人將照片發到社群網站，還有人群聚喧嘩著天太熱要買冰棒。

但，沒有人跟我聊六朝舊事，聊蕭統短暫的一生，聊他在幽晦王室中的那身如霽月般燦然的風采。

我想著一千五百年前，五歲即展現文才及詩才的昭明太子。那年的蕭統，還是童齡稚兒啊！想必他讀書之餘，也曾在此間奔跑玩耍。

烏鎮的晨光

幾日前，在網路上看見烏鎮下雪了，大雪紛飛裡，烏篷船浮蕩在水面，有獨釣寒江的韻味。

韻味這詞，帶著點靈氣，也帶著點詩意，很難用具體的詞彙形容，描摹不得，只能意會。它是一種天趣，不隨世俗的潮浪，不求耀眼的榮華，是湛出天光的雲影；是一個人從花間石橋走過；是抬頭一片蒼涼月，四野燈火有人家；也是釋迦的拈花，迦葉的微笑。

烏鎮有這樣的韻味。

前年大暑，我在烏鎮東柵住過一晚。那是一間青瓦白牆，有些年份的常民住屋。兩層樓，一樓是廳堂廚房，二樓隔成兩間房租人。我住的房間面臨東大街，而所謂的「大街」其實並不大，若說「小巷」可能還準確些。屋子的採光不好，幽暗陰翳，通往二樓的木階梯窄而陡，人踩上去咿呀作響，房間簡陋，還蒙著歲月的塵埃。但總總不好中有一點好，好在清晨時，趁著遊人無幾，可以安靜平和地沿著河岸散步。看早起的水鄉人家包餛飩蒸饅頭，看鼎鑊中水滾騰騰白煙裊裊，看水邊有婦人刷洗器物……這些閭里日常，有一種讓人眷戀的人間煙火氣。

那日清晨，我在街上遇見兩個男孩，一個稍大些，一個還是嬰兒，嬰兒被一個老婦背著。老婦的髮間隱隱別著一支絳色的小髮夾，雖是短髮，但梳得非常齊整。她還兼顧一個小攤，賣些藍染花布與瓶裝水。比較大的那個男孩端正地坐在旁邊的板凳上用色筆畫畫，他畫的是就是面前的這條東大街。我跟老婦買了礦泉水，聊了幾句，她用軟綿的語調說兩個孩子是她女兒的，女兒與女婿在杭州工作，也辛苦。我趁勢蹲下來跟那畫畫的孩子說：「畫得真好，你幾歲啦？」他睜大眼，看看他外婆，又看看我，然後說：「我十月就七歲了。」我說：「你長得好看。」他燦爛地笑著，更顯出五官的俊秀。我站起來跟老婦說謝謝，拿著水就離開了。

我到烏鎮，也是去看一個會畫畫，還會寫詩寫文章的人，雖然知道這個人已經不在世上了。

他是木心。

我走過東大街，走過木心故居，走到故居旁的財神灣，在灣頭船埠瞭望泱泱浮水，再從財神灣往回走到木心故居，只因木心曾說：「從灣角退二十步，應是我家正門的方位。」我彷彿要印證般，心裡默數著一二三四，一路退回到故居門口。他的二十步，於我不只是二十步，可見木心的步伐更大些。但我在那短短的一段路，突然有《世說新語》裡，王子猷雪夜訪戴安道的心情。

其實，見到又如何？沒見到又如何？有著迢迢而去的心意，然後興盡而返，不也是一種天真，一種沒有任何雜念的誠心誠意？

閒步時，整個東柵還是睡眼迷濛，河上沒有船隻行駛，讓我可以仔細地觀看烏鎮獨有的「水閣」。

烏鎮的水閣，在江南諸多水鄉中是獨一無二的。它指的是民居後方有一部分延伸到河面上，下邊用石柱打入河床固定，石柱還可用來繫船。人睡在上方，似若以水為枕，因此又叫「枕水閣」。

「枕水閣」這名字也蕩漾有韻。那是一個與河共影的時空。

正當我望向對岸迤邐在運河上的水閣時，剛好有一戶人家用木棍往外撐起窗戶。

那人想必剛起床吧？不知他的夢裡可有麗水輕漾？

我隨意找了石階坐下，此時剛過七點，太陽已升起，我也走了將近一個小時。我坐的石階旁有一棵大樹，一隻橘貓在樹下離我較遠的地方慢悠悠地抬頭看一眼，見我無害，又蜷縮身閉上眼，然後與我兩兩相忘。不，我沒有忘，我還記得牠。

東柵的白天與清晨，是兩個截然不同的世界。早上九點到晚上九點，她是旅遊商品，遊人熙熙攘攘紛紛沓沓，是被眾多旅行團攻陷的地方。但她的清晨不同，依然平靜細緻，依然讓人怦然心動。

那日，我走過空無遊客的長街窄巷與虹橋，看遍老屋牌坊與戲台。七月的烏鎮非常燠熱，白天走幾步就汗涔涔，但清晨時分大地將醒未醒之時，走在這街上，卻宛如一幅疏朗靜寧的淡彩畫，有寫意的清風徐來。

我沒有機會親眼看到大雪紛飛的烏鎮，但若要我說烏鎮的晨光，那真是好得不能再好的好。

靈隱印象

在杭州時，有天從市區搭公車到岳王廟。那時車上人多，沒座位，我面朝車窗站著，手扶在前方椅子上的握把。大概十分鐘後，公車轉往西湖北山路，突然有人拍拍我的手臂，我以為我站的地方影響到別人了，連忙轉頭看，看到一位滿頭白髮的老先生，坐在我左前方的椅子上，他客氣且驚喜地問：「姑娘，這就是西湖啊？」

我看著窗外，遠處是優美的斷橋白堤。那時我到杭州已數天，連看了幾日湖景，很確定地對他說：「是啊！」。

那老先生接著問：「我要到靈隱寺，還要幾站？」

我：「還要好一會兒呢！最後一站才是靈隱。」

他：「還很久喔。我要到靈隱寺還願……我年輕時來過杭州的，現在都不一樣了。」

他將那「還願」二字說得清楚而篤定。說完又轉頭新奇地望向窗外湖景。

他一路忐忑，唯恐坐過站似的，沒多久就站起來看貼在座位上方的路線圖。而我是到杭州的第二天就去過靈隱寺了。

我去靈隱寺那天，下著大雨。靈隱寺在西湖北面的山間，在中國佛教寺廟中，可說是香火鼎盛的前幾名。進入靈隱寺前，會經過飛來峰，這是一段綿延數百公尺的佛像石刻群，雕刻的年代大約是五代至元朝。雖然很多佛像的面目神態都已漫漶不清，但不難看出這片石雕同時呈現漢藏兩地的佛教信仰。

因為連日雨，山間溪水洪波滾滾，飛來峰的階梯也溼滑，遊人走到石窟區的並不多。這樣的天氣，顯然不是出遊的好時機，但來之安之，人在旅途，很多事掌握不了，只能順從。也唯有順從，才能心平氣和。卻也因為這場雨，才讓我看見褪盡塵染的新綠青山，還有清澈潤澤的花樹碧草。而走過這段石刻佛像的小徑，就到了靈隱寺。

我買了門票入寺，在門口有工作人員給了三柱供佛的線香。其實撐著傘，又拿著香，既忙亂又侷促，恨不得能向觀音借幾隻手，還好進門不遠處就有個大香爐，我穿越人群將這三支香對著大殿，對著蒼天囫圇一拜，然後擲入爐中。用「擲」雖有失禮之虞，但實在是因為香客太多，爐中滿滿的線香，若要伸手妥善地放入，一定會被燙出幾個香疤。

這樣的天氣，遊人還這樣多，大概也只有靈隱寺了。杭州的寺廟大多建於東晉時期，靈隱寺也不例外，距今已有一千六百年歷史，算得上是這片山林中最古老的佛寺。這座寺廟之所以聞名遐邇，大概是南宋時高僧濟公曾在此地剃度修行，再加上稗官野史與電視劇的推波助瀾，造成此地聲名深植於市井百姓間，以致長年香客絡繹。

其實不只是濟公，北宋時的蘇東坡也常到這裡，他與寺中僧眾皆友好。如今寺廟門前有個「壑雷亭」，其典故就是源自東坡詩句「不知水從何處來，跳波赴壑如奔雷」。這壑雷亭屹立在寺門前的溪邊，那幾日梅雨淅瀝，坐在亭中見那浩浩湯湯的溪水從巖壑中流逝，果真聲如雷吼，狀如電奔。

靈隱寺占地深廣，建築閎麗，有江南的雅緻，也有北地的磅礴。這裡是我走過的中國寺廟中佛像最多的一座，其中有間殿堂矗立著五百尊身形高大的羅漢，人走在其間，會有一種被神佛環伺的緊迫感，成了名副其實的舉頭三尺有神明，當然，在如此莊嚴懾人的環境中，心念也自覺地端正肅然，思無邪。

我在廣闊的寺廟裡悠悠轉轉，走到大雄寶殿、藥師殿，看人們合掌祝禱。又走過一面刻著觀音像的高牆，看見一位年輕的婦人跪在地上喃喃禱告。我仔細聽那婦人的禱詞，字字從心，句句懇切，都是為了求子。

忽覺得這裡彷彿積聚了千百年來無數人的希望，有的攸關家運順遂，有的希冀化險為夷，有的也許只是祈求個人安康。人們一邊向神佛交托了心願，一邊也生出面對困蹇的勇氣。在這塵世浮生，每一個人都是這樣摸索著萬般滋味扶繩而走。

而那日在公車上遇到的那位老先生，想必已走過當年許願時的惶惑不安。他說要去還願的心念，單一而明確。迢迢而來只是去道聲謝，圓一場天人之間的約定，這樣的情懷，多麼謙遜可貴。

懵懂入山門

不久前在網路上看到一個頗有文藝風格的短影片，敘述一位年輕僧人如何鑽研《紅樓夢》。但吸引我的不是這僧人或紅樓，而是影片中的背景——杭州永福寺。

在杭州初見「永福寺」三個字時，覺得寺名很尋常，心想此地佛寺古蹟很多，少去這一處好像也沒損失，以致於在要去與不去之間躊躇許久。後來，路過山門，因為沒來由的一念，莫名地就走了進去。親歷後，才知自己先前的無知淺俗。

永福寺位於盛名遠播的靈隱寺旁，與靈隱一樣都是建於東晉的古寺。我去時是黃梅天，但就算霪雨纏綿，靈隱寺的遊人香客依然紛沓絡繹，反觀近在咫尺的永福寺，靜寧安和許多。

永福寺深長廣闊，庭院幽秀，入門處有一大片龍井茶園，沿著山坡迤邐，枝葉經大雨滌洗，更顯浥浥蒼翠，遠望重山無盡一片綠，益覺天地潔淨。

我拾級而上，除了合十禮拜，更發現寺中幾處的命名都很別致，讓人目光一亮，例如「梵籟堂」，是講法堂與音樂廳。佛寺裡有講法堂本是必然，但有「音樂廳」就顯出不同之處，雖然這個音樂廳也是一個靜坐聽法的地方。此外還有「迦陵鳴空」、「雲山桂隱」、「墨香琴韻」這類的匾額題詞，詩韻盈盈洋溢又閎麗脫俗，一點也不像尋常的佛寺，其中「墨」與「琴」二字，更像是文人騷客的書齋別號。我看著如珍珠般澄慧清雅的字句，就算當時梅雨淋漓，內心也自在怡然。

沿著小路，走過數進的房舍，這佛寺實在太特別，既能徜徉在文字意境間，又能閒看雨中朦朧一枝花。我企圖從景物與建築，尋覓一絲玄機端倪，直到走入「心越印室」這閣樓。

「心越印室」展示著東皋心越禪師的書畫篆刻作品。他是明末清初人，也是永福寺的傳奇高僧，後來遠赴東瀛弘法十九年，直至圓寂。禪師精通詩文與丹青，更擅於篆刻與琴藝，在華日文化交流史中，是繼唐代鑑真和尚之後的第一人。日人稱他為「篆刻之父」，此外在《日本琴學史》也記載著：「琴學盛於日本，東皐之功也。」

心越禪師的篆刻嚴謹，字字皆有訓有詁，一筆一畫嚴守繩墨，且風格多樣：有蒼勁、有孤冷、有典雅、有深邃。其繪畫多為釋道人物與松竹梅。至於琴藝，更應一提。當年禪師東渡時，帶了五只七弦琴，以及諸多曲譜。七弦琴即古琴，琴音簡素悠遠，印合梵唄，更顯禪意。禪師在長崎傳法的同時，也將古琴藝術帶入當地的貴族寺院與文人市井間，使原本已衰萎的習琴風氣再度揚盛起來。他攜去的古琴中，其一的「虞舜琴」現藏於東京帝國博物館。

從「心越印室」這書閣裡的展示與介紹，我總算明白為何永福寺一景一物都含蘊著藝文英華，而且還兼有「音樂廳」的原因。其目的是希望能延續禪師的款款藝心，並讓這段歷史不至於湮沒在無邊歲月中。

來此之前，我只知有鑑真，不知有心越。這一回，雖是懵懵懂懂入山門，卻有汲來清泉烹龍井的醍醐灌頂。

永福寺，果然甚妙。

天竺伽藍與煙雨

走這段天竺路，全是意外。

那日逛完靈隱寺與鄰近的永福寺之後，本打算搭車返回杭州市區，卻在走向公車站途中，看見一輛電瓶車，正要開往法喜寺，也就是天竺三寺之一的「上天竺寺」。

我看過這間寺院的介紹，說它建於一千年前的五代時期。北宋蘇軾任杭州通判時，有位方外友在這山寺修行，因此東坡來過數回，留下數篇描寫靈隱天竺的作品。

看資料時曾想著要去，但因為往山上的車班少，那幾天又遇纏綿的梅雨，心想隨緣吧！若無車上山，也就算了。怎知，此趟行程，真是隨遇隨喜。

相對於遊客絡繹的靈隱寺，到法喜寺的人顯得很少。車上乘客除了我之外，就只有四位結伴同行的青年。小車從靈隱寺附近出發，沿著蜿蜒天竺路一路往上，途經下天竺法鏡、中天竺法淨二寺，大約十多分鐘後，終抵上天竺法喜寺。而這三間寺廟，合稱「天竺三寺」。

這山裡數間伽藍，從早前走過的靈隱永福，到天竺三寺，建築都是玄色屋瓦，黃色牆垣，氣勢恢宏莊嚴，色澤對比明亮。我一路走一路看，會以為這片山林，大概連空氣也漫泛著佛寺的顏色。

法喜寺藏於林間深處，位處白雲峰下，是天竺三寺中最大的寺廟，也是著名的觀音道場。也許是那日天候不佳，香客無幾，寺院非常安靜。

靜，是一種留白，一種自然狀態，也是一種精神狀態。它簡單而絕對。人在靜寧中沒有貪婪、沒有欲望、沒有炫耀、沒有恐懼，也就不需要選擇與隱藏，內心自然不會混亂。我走過長廊，在大殿禮佛完，又沿著階梯走到最頂層的藏經閣，瞭望山巒嵐煙升起，雲迴霧繞。整座伽藍像被封存在某個時空中，天地間一點聲響也無，唯有水氣氤氳，感覺既空寂，又盈滿。

我由左至右，慢慢地繞了寺院一圈。返回正門口時，想搭車下山，卻發現門前空蕩蕩的，不僅沒有車，也無人等候。此刻剛過下午四點，看著天色猶明，決定步行下山。

這山徑坡度和緩，又有柏油鋪整，走起來並不費力。沿途除了我之外，一個路人也沒有，只有淙淙溪水相伴。雨還是幽幽地下著，將樹木野草都洗了塵，透出沁爽的綠意。天光也隨霏霏煙雨蕩蕩漾漾，錯以為走在九天外的毓秀之境。這樣一段路，因為這場雨，這蓊鬱的綠蔭，渲染出朦朧悠遠的光譜，讓人也靜和起來。而行旅中，內心的祥寧，比歡樂更珍貴。

不知走了多久，在山坡上看見一大片茶園。又不久，原本林木參天的狹路旁開始出現水泥屋舍，庭前有幾位婦人圍坐一起，一邊聊天，一邊整理著竹簍裡新摘的茶葉。再往山下走，愈近靈隱寺，賣茶禪手工藝品的商家就愈密集，每家每戶都點上明亮絢麗的燈光，招攬遊客。忽覺人間煙火乍時燃起，讓我有從寂寂空山，返回嘈嘈凡塵之感。

我走到數小時前乘車上山的地方，回望來時徑，赫然發現，在這天竺路的起點，有座高大牌坊，上面寫著：「三竺空濛」四個大字。這是眉批，是註解，對我來說更是走完這一趟路的結語。它明白地昭示遊人，天竺路上林木掩映，山色空濛。

不知蘇軾當年，是不是也走這段路到法喜寺？

曲院風荷一隻鴨

在走過的西湖諸景中，我不能隱藏對「曲院風荷」的喜愛。

曾旅居杭州的朋友F跟我說：有年冬天，他在岳王廟附近吃過午飯，結完帳，步出店家，看見霏霏細雪飄落，突然想看看雪中西湖，於是過馬路到對面的曲院風荷。他說，一路高高低低的樹，都上了薄薄的雪妝，秀氣婉媚，湖面是靜止的，感覺一種清冷的美麗……。

因為他的敘述，讓我對此地上了心，也成了我對這裡最早的印象。

某年夏天，我循著F的路徑，一樣從岳王廟過馬路走進曲院風荷。沿路綠樹扶疏，蒼翠蓊鬱，不久即看見一座古式建築，是崇文書院舊址，建於明萬曆年間，專為徽商子弟設立的私塾。然而時過境遷，從前鎮日朗朗吟誦之乎者也，四書五經的私家書院，今日已是星巴克門市。

一座城市，若文化夠悠久，隨處都可說出一段歷史掌故。但此時我並不是要說典故軼聞，我要說的是一隻鴨子。

那幾日我總在早晨遊湖，前夜剛下過大雨，黎明時分雨已停，晨光熹微，江湖幽色。一望無際的荷，澶漫靡迤，彷彿擎起一片天，而亭台樓閣隱隱藏在芙渠娉婷間。

堤邊有叢零星的荷葉與我相近咫尺，圓葉上還留有晶瑩的水珠，和風一吹，葉輕盪，水也輕盪。正當我專心看水珠沿葉擺盪時，乍見旁邊水面上有隻小鴨子，以一片浮葉為舟。牠不起眼，瘦伶伶灰撲撲的，一點鮮豔的色彩也無，身旁也沒有同族。若行人步履匆匆，很容易錯過。但我遇見了牠。雖然形單影隻，但神態自若，沒有因為我的注視而畏怯。牠北面看膩了，就轉身看看南面。迴身時，輕盈靈巧，身下的荷葉並不大晃動。眼神清亮而乾淨，不慌不亂，安守著當下。

我突然羨慕起這隻鴨子的怡靜，生於斯，長於斯，且安於斯。一直相信，當內心愈平靜，外在的干擾就會消失，汙濁也會沉澱而瀝淨。我甚至揣想，倘若此刻大風驟起千荷搖動，漫泛的層層碧波，對這隻鴨子而言，可能也不過就是一瞬，可以無住於心，也可以無礙於心。

我靜靜地看著牠，彼此無語卻相伴片刻。在無量的時空中，此時此景，是多大的因緣？我一路迢迢而來，牠彷彿只為我停留在這裡。人與人之間的交往，常依賴不可言說的直覺。其實人與物之間，又何嘗不是如此？

那日之後，我傳訊息給F：

「曲院風荷有一隻鴨。」

「鴨子？這有什麼好稀奇的。」

「牠不一樣，牠跟你說的雪一樣美。」

我無法見識到朋友說的冰晶雪湖，但那日我真的在風荷中遇見一隻鴨，內心樸素而潔淨，像雪一樣美。

西湖最美是白堤

走在白堤，與當地一位七十多歲的老先生聊天：

「西湖哪裡最美呀？」

我自恃腳力甚佳，那老先生更是健步如飛，一點也不比我差，有時與我齊步，有時還超越我前。聲音洪亮，且自信滿滿地說：「這裡最美。」

一面又對我介紹：「杭州有三怪：斷橋不斷，孤山不孤，長橋不長。剛剛從東邊走來的那座橋就是斷橋，許仙跟白娘子相遇的地方。」

是夏日清晨，天陰雲低，晨風靜和，氣溫怡爽。此時六點多，白堤上行人不多，或閑步、或慢跑，還有幾個人放著風箏，那風箏都是鳶鳥的形狀，遠看會以為有數隻大鷹在天空盤旋。東邊的山上有座古塔矗立，不像雷峰塔那樣高宏壯觀，而是細細瘦瘦的，帶著一點歷史的寂寞感。白堤柳樹夾岸，荷花大概開過了，荷葉田田只綴著零星的幾支花，但是綠意滉滉漾漾，綿延數里。

初來這城第二天，搭著往靈隱寺的公車。路經西湖北段，看見湖邊有大片荷田，立即拿出紙筆仔細地記著離這裡最近的站牌名。思忖：明天，明天我玩西湖，一定要在這一站下車。然後不久，又看到一片荷田，再記在紙上。然後……再然後，不知經過幾個「然後」，我就放棄記錄了。我真傻！整座西湖，到處都有荷，根本無須刻意尋找。

就像此刻，日陽將出未出之際，走在白堤，一路垂柳旖旎，綠荷迢遞，湖面搖櫓船浮蕩，天邊雲山迤邐……我讀過舊詩古詞，總以為那些古代的文藝「中」年，不論是常常去找和尚聊天的蘇東坡，或是梅妻鶴子的林和靖，都將西湖寫得太美，美得太誇張。然而來過此地後，才知道詩家們沒誆人，西湖確實好風景，風景確實美如畫。

很多年前有個上海人跟我說：「如果妳喜歡蘇州，妳會更喜歡杭州。那兒的視野更寬闊。」當時我眷戀蘇州園林與東吳歷史，沒有很在意他說的話。如今在湖岸上，眺望四方，才明白他說的是什麼。

我走走停停，一邊拍照，一邊看人看景。在我拍照時，方才與我聊天的老先生不知已經飛步到哪裡了。我想，可以日日在白堤晨運，還可以很驕傲地說：「西湖這裡最美」，一定是非常鍾情此地的人。

這裡非常適合散步。當然，我指的是早晨。大約八九點之後，白堤上的人潮逐漸擁擠，那時，摩肩擦踵，人聲喧天，單是用想像的，就讓人卻步。

白堤走到盡頭，即接孤山。我因為出門早，到孤山時，還不到七點半。博物館，以及周邊史蹟建築都還未開放。暫無處可去，只好隨興坐上了遊船，去了湖中島小瀛洲。

西泠橋邊有俞樓

西湖不缺傳奇，也不缺故事。

從西泠橋走來，右面是青青芙蕖與瀲灩西湖水，左面是孤山公園。俞樓，就在這孤山西泠橋邊。是清末學者俞樾晚年講學的故居。故居在主要道路上，門外車輛與行人皆熙攘，但那日早上走進這朱紅小樓的，卻只有我一人。我慶幸擁有這樣靜穆的參觀氣氛，卻也為這被人淡忘的故址不勝唏噓。

俞樾個性剛直，為官時不願阿諛逢迎，以致遭人傾軋構陷，三十多歲就結束他的政治生涯。但他並不因此頹沉，終其一生致力著書，而成為晚清一大名儒。他的學生裡，最著名的就是章太炎與吳昌碩。這座俞樓，也是他的諸位門生，集資為他修建而成。

俞樓不大，閑庭靜雅，在孤山綠蔭中怡然自立。青瓦褐柱，飛檐翹角，大堂裡展示的是主人的著述《春在堂全書》。但讓我緩步流連的，不是他淵博的學問，而是他日記中描繪的尋常生活事。

杭州從古至今都是講究「吃」的城市，不論大菜或小吃，信手拈來都能讓人食指大動。俞樾到杭州講學後，來客盈門，這些賓客們也常送食物來。俞樾說：我總不能將這些別人相贈的食物都寫到日記裡，如果全都寫下來，那我的日記不就成了酒肉帳簿？

一代宗師，說到食物也詼諧。

那麼，他的日記裡究竟有沒有記載食事？有的，他也忍不住記了幾樣。大概覺得，居處西湖邊，美食佳餚也是景，不寫就辜負這風光秀媚的大好湖山。正因為這些記下來的生活細瑣，讓這位韡韡崇高的國學大師，卸下了儒士端嚴爾雅的道貌岸然。

被他寫下來的名物，有樓外樓的醋魚、岳墳附近的燒餅，還有涌金門外三雅園的豆腐乾。後兩者現在都已絕跡，唯樓外樓的醋魚還聞名遐邇。

他晚年的時候，又說：我能吃筍，也愛吃筍，但不能吃蓴菜。我的牙齒只剩八顆，上下無法咬合。而蓴菜滑不溜丟的，入了口，難以捉摸，咀嚼不得……

既然說到了牙齒，就不能不提俞樾的深情。俞樾與夫人姚氏是從小認識的青梅竹馬，也相偕走過罷官後的顛躓歲月。他們卜居杭州，若遇閒暇日子，會同遊靈隱寺飛來峰，或執手眺望湖水旖旎，雲山繚繞。甚至也曾在夜裡，蕩舟到湖心賞月，天高湖廣，月明星稀，彷彿世間只有他與她。但歲月駸駸，兩人的鬢髮，冉冉地蒙上了霧霜。有一天，長他一歲的姚氏掉了第一顆牙，俞樾將這顆牙慎重地收藏起來。十五年後，那時他的妻子已逝，俞樾也開始掉牙，他將初落的那顆，與妻子的牙，合厝在俞樓後院，還寫了〈雙齒塚詩〉，希望藉著這齒墳，紀念與妻子同患難共安樂的時光。

現今的西湖，還保存著古代的樣貌。西泠橋也還是西泠橋。就連不遠處的樓外樓依舊門庭若市，饕客絡繹。但，俞樾事蹟已少有人談起，俞樓後院更是石階清寂，人跡杳然。那情意綿長的齒塚，也湮沒於荒煙蔓草間。

如果穿越到清朝

西湖孤山路多是清代舊跡，遊人熙攘，偶然聽見一個女孩問她身邊的同伴：「如果穿越到清朝，你最想遇到誰？」

我還沒聽清那人如何回答，就隨著人潮走進了一間寬闊宏偉的古式大院。大院主樓前有一方水池，池間矗立著嶙峋太湖石。仰頭一望，看見鐫刻著漢文與滿文的「文瀾閣」匾額，才陡然驚覺，這裡竟是清朝收藏《四庫全書》的藏書閣！心裡直嘟囔，我應當要備妥心情，整飾儀容，端端雅雅地走進來，怎麼像個漫不經心，不修邊幅的鄉里村婦，糊里糊塗就到了書香寶地。

跟著我一起入門的，有一對祖孫。老太太跨過門檻，看見大廳展示的文房四寶，以及寫著四庫全書文句的玄黑色背板，叨叨地跟她的孫兒講：「乾隆啊，很愛讀書，他到處收集書，就有了這部大書。」

我聽著，覺得這老太太有點常識。乾隆愛書是真，當年他廣羅群書，運用全國大學士之力，將浩繁巨帙重新抄錄，並依經史子集分類編成《四庫全書》。不只如此，他還深諳雞蛋不能放在同一個籃子的風險概念，未雨綢繆地抄了七套，一套一地，分置大江南北。最北是瀋陽文溯閣，最南是杭州文瀾閣。書閣的命名幾乎都從水，其中僅文宗閣沒有。那是因為文宗閣位處鎮江金山寺，背倚浩蕩長江，水已豐沛，若要再加水，那就真的水漫金山寺了。而「從水」，是乾隆怕書籍慘遭火劫。

晚清兵燹四起，其中數部已毀於戰火，今保留最完整的是藏於台北故宮的文淵閣本，而文瀾閣則圖書毀損頗多，後經碩儒數次補抄，才有現在的通行本。

姑且不論他編《四庫》的目的為何，但知道這段藏書史，真不得不佩服他的深謀遠慮。他的一念，留下了文化珍貴的命脈。

乾隆愛讀書，愛品畫，愛古玩，也愛寫詩。據說單單「詩」，就寫了四萬多首，堪比《全唐詩》的總量。所幸他老人家並沒有為難我們後輩，放眼四萬多首，全不用我們花工夫細讀背誦。但我們絲毫沒有感受到他的善意，還一直詬病他在珍貴的書畫上到處題字蓋印。

逛了一圈文瀾閣大廳，總避不開剛才那對祖孫。走到末段又聽見老太太的聲音：「乾隆很愛讀書啊……」言者諄諄，聽者藐不藐我不知道。這老太太想必有望孫成龍的期待，要不然也不會這樣絮絮地說一路。

走出文瀾閣，天空下起溽濕的梅雨。我與眾人佇立廊庭避雨，遠望西湖渺渺煙波一葉舟，突然想起剛才孤山路上那女孩的問題：

「如果穿越到清朝，最想遇到誰？」

有清一朝，乾隆肯定是文青代表第一人，但說書畫品鑑，我不會；說文獻版本，我也不懂，彼此就算晤對亦無語。我心裡倒是浮起一個名，不是乾隆，而是寫出「人生若只如初見」，深情耽美的納蘭容若。

誰說青春回不去

十五年前參加復旦大學的交流活動，走了南京、蘇州、杭州三城。因為行程匆促，於杭州僅蜻蜓點水地停留兩天。只記得去了西湖樓外樓吃醋魚，另外較深刻的就是河坊街的「方回春堂」。

方回春堂是間中藥店，但它不同於我在台灣所見的小商鋪。它保有古意，卻也韡曄曜然，佔地廣闊。室內分裡間外間，還有側間是醫師診療所。門外白色牆垣巍峨，雖然只有一層樓，但就算站在對街，仰頭也要近九十度才看得到門楣。前廳有茶水招待，記得當時進去喝了茶，並沿走道囫圇虛晃一圈。那時年紀輕，口袋與知識都浮淺，縱使認得幾個字，但完全不識中醫之奧妙，只覺門庭魁偉如大廟，自己渺小如芥子。

而店名前的「方」，代表著這間店的創始人姓方。

再一次看見「方回春堂」這四個字，是兩年後一位從杭州回來的教授相贈的禮物，用小夾鏈袋裝著複方花茶，袋子上印著店家商號。那花茶樣式單純，但餘韻柔長，斟上熱水後，瓣蕊一一展放，華美豔麗如初綻。我才知道，原來那間廣闊恢宏的中藥鋪，也賣這麼親民的商品，心裡遺憾當時沒有帶幾包回來。

於是今夏在杭州遊走時，打定主意要到回春堂逛逛，以償宿願。河坊街是條觀光客聚集的商業街，自清朝以來，這街除了回春堂之外，還有數家大而堂皇的中藥鋪，如胡慶餘堂、葉種德堂等，但大概是先前的認知，最吸引我的還是方回春堂。

回春回春，名字多討喜！對女子來說，是芳齡永繼，對男人來說，那也是青春常在啊！從古至今，哪怕是位高權重的帝君，或是日勞夜苦的黎民，人人都希冀著「不老」。唐朝白居易有詩寫道：「童顏若可駐，何惜醉流霞。」意思是，今天喝的要是可以返老還童的仙酒，那我就算拼了命，醉倒在這裡，也要豪飲下去。古代尚且如此，更遑論當代？城市鄉鎮，美容診所林立，人們花大錢打小針，為的不也是「回春」？

兩次間隔的十五年，回春堂一如往昔，板凳上坐滿了人，歇腿喝茶的，候診等藥的。大堂依舊有熱茶供應，右側販售著花茶與常用藥膳，左側則是藥房，數位藥師各自拿著處方繁忙地取藥秤重……。生生不息，日日夜夜，這大概就是回春堂的日常。我也是這樣忙碌著我的日常，工作營生，人際往來，期間也伴隨著數不清的愉悅憧憬與悲傷絕望。人間事哀喜交纏，而光陰越陌度阡，有過眼雲煙，有錐心刺骨，時間一久，卻也在心頭刻鏤出別開生面的和諧來。

我走到販售花茶的櫃檯，依著褐色木桌上的樣品展示，買了養顏、明目、忍冬山楂等等獨家複方。提著一大袋將歲月封存起來的花草乾果，緩步而出。

當時光被風捲起來的時候，當乾花再度綻放的時候，哪怕芳齡不繼，記憶仍會折射出麗影綽綽，就像雨後從密葉篩下的幾粒光，只有自己能看見。

誰說青春回不去？

伊水一方

清晨啟程轉往洛陽。出租車師傅依約在五點半到旅館接我，載我至西安高鐵站搭第一班車。

我的目的地是伊闕，也是龍門石窟。長年來，以為這只是書上讀到的地名，不會與我有太多牽連，而如今我竟要往那裡走去。候車時，看著手中那張往洛陽的紅色車票，以為自己掐著一朵唐代的牡丹。

是早班車，又是起站，乘客不多，我一人獨佔三人位，可以自由地鄰窗而坐。往洛陽途中，沒有熱鬧的城鎮，有的是大片的黃土，廣闊的銀杏樹林，還有稍縱即逝的山坡梯田，當然也有幾處農村民居跳進眼底。山間田野荒荒漠漠，一如此地稱謂——黃土高原，沒有太多色彩。

到洛陽後，又轉了趟公車，才抵達龍門石窟。

石窟分布於西山與東山，兩山之間橫臥著伊河。初冬伊河悠緩安靜，無波無瀾，水中有沙渚裸露，渚上點點白鷗棲息。

進石窟之前，會走過一條長而寬的步道，兩旁栽植齊整的垂柳。秋未遠，冬未盈，柳葉染上鵝黃的秋色。我沒看過綿延迢遞，望不到盡頭的沿街黃柳，陡見此景，有一種流離在外的寬闊孤立。又像是進入某種儀式，不知正要跨過什麼邊界。

而這一跨，確實跨進了一個「他界」。

當我沿黃柳樹影走進西山石窟不久，頓時被東岸景色攫奪了日光。遍山莽莽，木葉蓁蓁，偶有石巖嶔崎。遠處的山坡上一佛寺迎水而建，灰青色的屋瓦迤邐而上，保藏古典幽光，而寺前銀杏，明明澄澄一樹黃。

在我去過的幾座古城中，我還不曾有過這樣的經歷。也許是那一方遁世的韜光，也許是那一株盎揚的銀杏，讓我的心突然緩慢了下來，我不急著往前走，只想多待一會兒。或者說，在這半弧青山半弧

水面前，步程啊，時間啊，皆是其次。這景，不是煊赫宮殿，不是洶湧大江，僅僅是一水一山一佛寺，細緻靜和地屹立，卻一點也不寫實。她太魔幻，彷彿一直在那裡，等了千年百年，而今不驚不乍彳亍朝我行來，似有長篇累牘的話要說，卻又將寂靜渲染到極致。

我沒有預期會在洛陽見到這樣的景色，我以為只是來印證讀過的歷史，看大片的石窟佛像，我不知道現世人間竟有如此化繁為簡，簡到無法再簡，卻還能透顯麗彩光暈的乾坤天地。眼前伊水一方，創造出一種獨特的語境，她每一個字詞都平凡，卻衝撞出一種繁義的修辭，安靜謙抑又閃闃自得，是不滋擾旁人的眉飛色舞。

河上白鷗時栖時翔，水中綠鴨浮蕩逡游，天空的光影與微動的漣漪彼此跌宕交錯。天冷風靜，獨坐在臨河的木椅上，流連天水蒼茫古寺清逸。突然害怕再舉步向前，這澶漫忻悅的山色，就成了過去。

龍門香山

那日天還未亮，即從西安搭第一班高鐵到洛陽龍門，不覺得累，只覺雀躍。抵達龍門石窟時，我在西山，日陽在東山，兩山以伊水相隔，晨光映著東山的倒影在水面輕蕩。伊水兩岸皆有佛像石窟，其中又以西山為最，據載，此處佛像多達十萬尊。而東山坡上有座佛寺，寺前臨水處兩株銀杏瑩黃明燦，美得出塵，那是香山寺。

有些事物，總得親眼看，親歷過，才會踏實，像這一大片從北魏至北宋的佛像雕刻。書上寫得再宏偉，再精巧，再如何細辨北魏之秀骨，唐代之豐潤，都遠不如一履一步近睹思量。

我沿著西山，走過摩崖三洞、萬佛洞、蓮花洞……，見遍山遍野數不清的大大小小佛像石雕，從初時的驚嘆，到後來視覺已有些疲乏。又走了好一陣子，不自覺地隨人群走上一座高台。這高台階梯很陡，初走時懵懵懂懂，不知高處有什麼。然而，正當我走上最後一階，於平台處猛一昂首，頓時腦門轟然一響，震震然，愕而立定。

啊！真壯觀啊！數尊佛菩薩高聳於前。此刻，眼前不再是方才密如蜂巢的石像群，而是數尊氣勢磅礴的大佛菩薩，頂天立地，巍巍蕩蕩。中間的那尊盧舍那大佛，十七公尺高，保存良好，唯有手及腳有些崩毀。其面容方額廣頤，莊嚴典雅，是大唐風範。我於平台，從右到左，再從左到右，仰望凝視，發現不論在哪個方位，哪個角度，大佛的目光總能與我相連一線，彷彿彼此注視著。

鑿石窟佛像的人，早已消失在歲月的拐彎處，但工藝保留了下來，猶在伊水河岸兀自端然。

盧舍那大佛處，大約就是西山石窟盡頭。我走下高台，隔水眺望對岸的佛寺。一心想往那裡走去。

我搭了景區的小車到東岸。這時節是淡季，人不多，到東山的人更少。沿著山徑走到香山寺。進入寺門還得再走一段陡長的階梯，我拾級而上，揣想著：這裡是白居易的香山寺啊。

香山寺建於北魏，唐代白居易任職河南尹時，見其門樓毀塌，佛僧暴露，曾捐巨資整修寺廟，此寺也因此聲名大噪。白居易晚年長住於此，與詩朋僧友談文說禪，朝朝歲歲殷殷濡染，自號香山居士。曾有詩云：「且共雲泉結緣境，他生當做此山僧。」

我不知道白居易的「他生」，是不是真的成了「此山僧」，但這香山寺確實清雅和美。

佛寺依山而建，佔地不廣。青墨屋瓦透顯著歲月的古穆，絳紅的窗櫺明豔中含藏著沉穩，門眉穹頂繪著優美的蓮圖與飛天。整座伽藍不繁複，不華麗，也沒有懾人的大景，卻有著圓明的謙雅和柔。

我在大殿旁的長廊靜坐，看雲影天光，看對岸石窟迤邐。心中曠蕩，無憂無思。時值初冬，寺院廊亭除了臨水那兩株銀杏還燦亮，其餘木葉多已枯槁，清泠泠的，遊客也寂寥，偶有風吹來，盈盈兩袖。

離開龍門時，日陽已西斜，我在連接兩岸的橋上流連許久，總捨不得離去。橋下伊水綠鴨浮游，白鷗棲翔。橋的右岸是韓曄壯麗的石窟佛像，左岸是端莊秀雅的香山寺。此地如此絢爛，如此多姿，又如此平和。我想，白居易一定也眷戀這般的流光清影，要不然他不會說：龍門香山，是洛陽最美麗的地方。

而如今，他在香山寺旁長眠，已逾千年。

古銀杏與貓

我要去找一株銀杏，在西安城郊終南山下的一座寺廟中，相傳是千年前唐太宗親植的。

從公車站走到山邊寺院，經過一個小農村，看見四五位村民圍聚在已休耕的廣袤田間燃起篝火，正商討著什麼。初見時有些驚愕，不知道他們為什麼要燒柴。一直走到山下寺廟前，又看見幾處同樣的情景，才知道升火是為了取暖。那時已入冬，雖未雪，但溫度極低。

那寺廟名喚「古觀音禪寺」，佔地不大，但一如其名，甚有古意。最早建於唐貞觀年間，後來因政治緣故幾經遞嬗，如今才又重歸佛門。銀杏樹在寺廟的最深處，也是後方近山的高處。我隨指標而入，見遊人僅零星三兩，即知不是佳時，心陡然一墜。來此之前，以為還能見到落葉如金毯的榮景，但我大概沒能趕上。

我穿越一個像地窨的走道，光線幽暗微明，窨中有方泉眼。據聞，那棵銀杏的樹根，長久以來就是被這終年不絕的泉脈滋養著。沿階梯走上高台，眼睛剛適應方才的晦暗，倏地廓然一亮，天光雲影夾道而來，待再睜眼時，一株銀杏巍峨於前。

是啊！就是她啊！那身影，我在書中見過的，也是此行所盼。我千里而來，哪怕錯過盛放的時序，也要見一見的。如今，她就在我眼前，朗立於庭。自唐以來，她見識過多少皎潔的月光，歷經過多少華燈高懸的盛世，遭遇過多少遍地荒旱的凶年？一路僕僕風塵，將長安走成西安，將繁華走向煙雲。她老，滿身皆是深皺皸紋與虬枝，卻老得傲骨嶙峋，老得氣韻猷勁。此刻，盈盈黃葉幾已落盡，徒留一點餘韻獨自繾綣擺盪著。那餘韻，是一千四百年前的鶯飛草長。

整座高台僅留約一公尺的走道，餘地皆以欄杆圍起，圍成一座銀杏之庭，銀杏所在處寬綽不侷促，其身碩偉，樹前端坐著一尊典雅的觀音石像，兩者各自獨立，又相襯得宜，誰也不搶誰的風采。

天寒靜和，山色清越，葉落後的銀杏，多了一分疏朗，一分寂光。我邊走邊拍照，拍樹，拍寺院的屋瓦與脊獸，再緩緩繞到另一側。忽見一隻貓，自僧寮的屋頂跳躍而落，熟路輕轍地從欄杆隙縫鑽入庭中。那隻貓，長得挺好，白腹黑背，身壯結實，神態從容不怕人。牠在銀杏樹旁來回巡弋，觀察走道上的人，又貼身繞著古樹，時立時踞，像個守護者，保守著古樹周全。

我對這隻貓並不陌生，常在網路上看見很多人到這裡都會遇見牠。黃葉盛放時，牠看風風火火的遊客來去；黃葉謝落時，則徜徉在漫漫無涯的年月中。

我隔著圍欄，凝視他們許久。古樹褪盡鉛華的虛懷，花貓安適婆娑的顧盼，施施然，彼此相伴如莫逆，又於六塵中不離不染，別有一種廣天闊地的浩蕩慈悲。

願唐音永壽

從終南山返回西安城內，已過正午，而我大概是暈車，頭痛得很，強忍著不適，輾轉換車回旅館休息。兩小時後，才又出門往小雁塔走去。而去小雁塔的途中也是多舛，遇工地圍籬，亂了行進方向，打開地圖導航，又因專心盯著手機，疏忽路面落差，跌了一跤。一路走來顛顛仆仆，頭疼未癒，心緒又慌亂，直到看見小雁塔的入口，才稍微鬆一口氣。

來此之前，本以為遊客會很多，其實不然，人出乎意料的少。走在安靜寬闊，林木盎然的園區，心思也慢慢和緩下來。

小雁塔，是唐代皇家薦福寺的佛塔，最早用來存放高僧義淨從印度攜回的佛教經卷與佛圖。「雁塔」之名，源於其樣貌相似於玄奘譯經的大雁塔。此外，薦福寺也是唐代的文化機構「譯經院」所在之地，在李唐一代燃起漢傳佛教薪傳的火苗。

寺廟在明清兩朝整修多次，最後衰微於清末戰亂。民國初年此地也淪為軍隊駐紮地。而數百年來，佛塔曾歷經「三裂三合」的命運，小雁塔的門楣石刻曾這樣記錄：明憲宗年間，西安發生強烈地震，從塔頂到塔足裂開尺餘，中間就像嵌著一扇可透光的窗。數十年後，到了明武宗時，又歷一大震，塔樓一夕復原如故，猶若神合。

而後又這般反覆兩次，因此小雁塔的神靈傳奇，廣流民間。但現代專家認為，小雁塔的不倒，源於地基是實心圓鍋形夯底，因此千年來，雖歷數劫，仍如不倒翁般巍然屹立。

現今小雁塔隸屬西安博物院管理，園區除了佛塔之外，還有薦福寺的古建築群。我行經中央通道，走過一進又一進的古雅廳堂，其中有關中歷史解說，也有古物供人思懷。大廳門堂陳舊但不萎敝，清淨怡人。又繞到周邊側院，有些小院藤蔓蕭瑟，有些門廊空寂清明，有些幽徑則是擺放了石佛石碑，也有些屋舍成為藝術家的工作室。後來在一個沒什麼遊人的邊間窄院，突兀地傳來一陣濃郁的咖啡香氣，勾人似地將我引入。那是一間賣明信片、書籍飲料的文創商店。我在架上挑了幾張卡片，又點了杯咖啡，坐在店裡伏案寫幾個字。

坐下不到一刻鐘，聽見不遠處有中樂團凌亂的試音。剛才這小院還靜悄悄的呢！又不久，更多聲響接次鳴起，有笙笛、二胡、揚琴……霎時將冬日肅寒，喧騰得熱鬧非凡。我問了店員，店員說，就在隔壁，是練習唐代音樂的場地。

喝完咖啡，推門尋聲而去，那屋子外的青灰石牆上懸掛著門牌，寫著「樂壽堂」。

聽著樂音，見那三個字，心底漫泛起一陣微微的，稍縱即逝的喜悅：吾願唐音永壽。這裡的「音」，不只是音樂，還含藏著古代文明的回聲殘響。薦福寺，千年前的佛教譯經地，就算近代曾淪為軍事政治的附庸，但終究又回復文化傳承的本質。人世間豬氣沌沌濁浪滔滔，總也會有清澈的光。而歷史向來都是在明媚與陰翳間擺盪。

離開景區時，一陣大風從市井長街吹來，穿林而過。我仰首靜靜地看著黃葉紛然飄下，忽覺早前惱人的頭疼與闇亂的心情，都已消逝無蹤。

顛簸的無明

從臨潼兵馬俑博物館走出來後，搭了接駁車往秦皇陵。秦皇陵，即秦始皇的陵墓，旅遊網站的評論說，此地可來可不來，因為只是一個未開挖的大土丘。但我想，就在博物館附近，來看看也不費什麼時間。

在我動念「來看看也不費什麼時間」的那一瞬，似乎就注定將會有一段驚異的旅程。

進入皇陵區，我閒閒散散沒細看入口的平面圖，又捨棄進門處付費的電瓶車，想徒步走完全程。才走五分鐘，遇到了岔路，有個男人站在那裡大概是等人，我本想往右走，那人問我是否到皇陵？我說是。他說：要走左邊。於是我照著他的指示。當時，我還沒意識到這景區非常廣大。我沿著步道走了十幾二十分鐘，愈走愈沒人，愈走愈蕭瑟，滿目皆是蔓徑荒草，天蒼野茫。我沒見到任何指標，只好隨機找了個岔路，繞到稍微整齊的地方。然後在邊陲角落看了兩個陪葬坑，走出來又是一片蒼涼，只有柏樹森森。

秦始皇生前建造了一個廣闊的地下宮殿，其中最著名的就是常在媒體看到的兵馬俑區，與皇陵相距兩公里。在歷史與考古學上都普遍認為，秦皇陵墓有著神祕的傳說，以至於現今還沒有人敢挖這個墓。

傳說源自於司馬遷《史記》記載：秦始皇建造驪山陵墓時，在裡面擺放眾多價值不菲的奇珍異寶，並在墓穴的許多地方都設置了弓弩陷阱，只要有人企圖接近，就會觸動機關。而最讓人卻步的是，地宮中為了模擬王國的江河大海，使用了大量的水銀。

這意味著，不論是盜墓，或是學術考古，只要動這墓，大概都會葬身此地。

但這只是兩千年前司馬遷說的呀，可信度如何呢？就在我去皇陵的前幾日，曾聽一位陝西博物館的研究員說，幾十年前秦皇陵還未被「定位」前，最早發現這片土地種出來的蔬果含汞量超高，完全無法外銷到其他省份，大家覺得納悶，但又無跡可尋，直到附近的兵馬俑出土，學者才連結到《史記》中關於秦墓有水銀的記載，進一步推估此地為「秦皇陵」的可能性很大，於是更精細地找尋其他可佐證的科學依據，最後判斷底下確實是秦始皇的地宮。

我走過皇陵區的陪葬坑，想著這些考古軼事，一路行來，本來還見有三兩遊客，但這景區又大又空曠，走著走著這些人彷彿全都消失不見了。

我不經意地走入一處高聳的柏樹林，走道在其間縱橫交錯，而且每條路徑都相似，也不知拐了幾個彎，已失方向。那時是初冬，天暗得早，加上四周一點人聲也無，靜默得近乎死寂。我心裡忽湧起一陣恐懼，感覺無比驚悚。

那一刻我不想再往深處走了，也不想繼續強化腦中的懼駭與妄念，只想返回有人的地方，哪怕連此行的重點——秦皇土丘在哪兒都還沒有概念。

我汗毛直豎地沿路找指標，或找人，但廣闊之間除了樹，什麼生物也沒有。我想起一句詩：「念天地之悠悠，獨愴然而涕下」，揣摩著詩中的意思，那其中是否也有無明的惶恐？路過每一個岔路，都猶豫著該往左，或往右。我倉皇失措地東繞西轉，一面責怪自己太大意，以為進來後跟著人群走就好，又埋怨自己不知天高地厚，自認方向感超群……，也不知被這樣驚愕不安的情緒縛綑了多久，就在我走下一段短階梯時，突然靈光一閃：手機！我有手機啊！那是我唯一的希望了。我在慌亂中打開網路定位，屏住呼吸，等待時還能感覺雙手在顫抖。隨後沒幾秒，螢幕出現了一頁詳細又精準的地圖，哪裡是樹，哪裡是步道，哪裡是出口，還有我在哪裡，所有訊息清楚明白。我鬆了一口氣，緊盯著手機，雙腳不敢怠慢。

到出口時，剛好有接駁車返回博物館，我逃難似地飛步上車，看見車上有人愉快地聊天，有人低著頭滑手機，有人靠在同伴肩上打盹……浮世諸態，依然生機勃勃，我也篤實起來，有一種還在人間的莫名欣喜。

我淡定地坐在靠窗的座位上，望著景區門口「秦始皇帝陵」那幾個大字。沒有人知道我的內心方才歷經了一段顛簸的無明。

心經簡林

一卷心經，傳抄了千年。誦讀之人，不知輪迴了幾世？

到香港數回，向來只知此地繁華榮盛，不知大嶼山上尚有「心經簡林」寧靜景色。某日在網路看到照片，覺得很美，趁著到中文大學看展覽的機會，繞到此處一行。

大部分的遊人，多停留在昂坪商店街，要不就是到寶蓮禪寺上香看大佛。再走向更深的山徑，到心經簡林的並不多，也因此，沿途行人三三兩兩。時逢初春三月，道狹木長，一路總有蜂蝶在耳際嗡鳴，空氣瀰漫著雨後濕潤的泥土味。沿階的野花蔓草，毫不修飾地亂長一氣。在一個樹林隱密處，還有兩隻大黃牛低頭吃草，更添此處的郊野氣。

從寶蓮禪寺走來大概二十分鐘，就會看到佔地頗廣的簡林。之所以稱作「簡林」，是因為遠望而去，一片一片的木柱樹立著，像放大的竹簡，人在其間，很是渺小。據記載，此地是世界目前最大的木刻佛經群。

「心經簡林」是由三十八片巨木柱排成「∞」的形狀，象徵無窮無限。每條木柱，均刻上心經字句，唯中間第二十三條木柱空白，意味讀到此處，要稍作休止。字，是國學家饒宗頤先生的字，法度圓澄敦厚，氣韻溫祥清樸，下筆雍容，收筆凝斂。一字一句，一木一柱，施施接續。

這巨木的質地是天然去雕琢，沒有光亮的人工塗層，而是保留樸樸實實的本色。多年來歷經風吹雨淋歲蝕塵染，難免有裂口剝落潮霉之況，但如此反而更顯得簡林與天地相融如一。

沿著簡林左側的山道，一路向上，一路讀經，從「觀自在菩薩」始，至「菩提薩婆訶」終。走一圈，即誦完一卷經文，跟著字跡，順著筆意，靜和的，端穆的，步步履履，緩緩行過。

它的建造是為祈福，不為觀光。當年香港遭逢SARS衝擊，饒先生起意以《心經》祈禱安康物阜，於是大嶼山上才有此景。

來這裡之前，本以為此地會如其他景點般人聲喧嘩。然而一抵達，只見零星幾人，或在入口處休憩，或不疾不徐地仰望經文，閑步悠悠。如果有話要說，也都低聲輕語，寥寥幾句。看著自覺自律的人們，不禁由衷升起一股敬意，那是對「人」的本心產生的敬意。而人的自覺，則是源於走在簡林中，對「法」的敬重。

那日天陰雲低，偶爾飛落一束陽光，旋起旋滅。雲山霧氣，縈回靉靆，但因為是居高的山顛，視野反而無量而空闊。

千年前的經文，與今日的經文，殊無二致。我們讀著，寫著，一代傳誦過一代，為的不是榮華似錦過，而是只願人間清歡樂。

香薰馥素

京都是一座「香」的城市。這源於千年前鑒真和尚從唐土帶去的薰香文化。早先流傳於貴族階層與寺廟伽藍中，直到近五百年才廣被常民使用。

平安時期的貴族文人非常喜愛用香，清少納言在《枕草子》提到：「梳洗裝扮，穿上香薰過的衣裳，即使無人可見，也是格外愉快。」

同時代的紫式部《源氏物語》更不用說了，許多章節都寫著這類的事：用香薰衣薰物，是當時上層女性的日常工作，至於男性，則在花晨月夕品香論香。

京都有好幾家著名的香鋪，都有著悠長的歷史，其中我最喜愛松榮堂與豐田愛山堂。這兩家香氣迥異，如果常聞香比較，能很快地識別這是哪家的香氛。

香，與食物相同，也講究時節旬氣。京都香品的命名，多以文化風土取材。

以松榮堂為例，代表四季的香品分別為「青春、朱夏、白秋、玄冬」，在季節前各配以一個代表色，乍看頗有京都風味，可是再仔細想想，會發現這四色不就是唐文化的「青龍、朱雀、白虎、玄武」嗎？可推知其文化源頭。還有一種以大自然命名，香氣則帶著季節芳芬，比如四月的香，為「卯花月」，加了些櫻花味，六月為「暮涼月」，就帶著水氣的涼爽，都緊扣著時節氛圍。此外，也有以京都地名為香名的，例如「白川、崛川、二條……」。其中我尤愛「白川」，香氣流麗嫵媚，芳馡靜和，彷彿一位多情女子怦然升起，又悄然掩隱的心事。另一款「崛川」，以白檀為基底，聞起來很是優雅，據說許多老鋪旅館，以及高級料理亭都以此為玄關香。松榮堂也是最早做宗教用香的商家，京都奈良有很多寺院，像金閣寺、銀閣寺、神護寺、東大寺……等等，都是委託他們製做專門用香。

另外有一間香鋪——豐田愛山堂，正好與松榮堂有著截然不同的風格。它的香品不像松榮堂那麼多，僅販售幾款線香，但都是長銷品。我幾次去總會在店內看見當地婦人來買「零陵香」、「清壽香」之類的香品，她們不試聞，而是直接買，可見是熟門常客。愛山堂的香氣四平八穩，雍正典雅，很適合敬供於佛前，或是攝神安坐時使用。這麼形容並不是它沒有特色，反倒是另一種以內蘊凝斂為本的格調。店裡有一款線香，我很喜歡，名喚「富貴」。富貴是金玉滿堂？還是華麗軒然？但是店家不以此詮釋。這款香氣，是我聞過最低調最沉穩，有一種風定鐘鳴後的端寧祥和，教人安守著當下的怡然，甚至使人在脆弱之時，還可以生發出勇氣的氣味。也因此，我對愛山堂合香的藝術，總帶著敬意。

這兩家老香鋪，前者是旖旎繾綣的馥麗，後者是皎潔無畏的素美。兩種風格似乎也隱含著生命中不同階段的際遇與領悟。

我沒有知曉因緣的豁達，但燃著香，看爐香絪縕，如天雲卷舒，感覺寧靜而遠大。

京都・大覺寺

一座寺廟，靜靜地守著光陰。

來過這裡數回，有時是從市區搭巴士到寺門外，有時從嵐山閒步而至。從嵐山走來，沿路會經過一大段的農家田畦，田邊小徑常見無人看守的自助式菜攤，搭著簡易的頂棚，在厚紙板寫上售價。我來時多為冬日，所以攤架上果蔬清一色都是蘿蔔，但式樣滿多。有胖圓、有長條，有白的，有紅的，還有一種我在台灣從沒見過，身段像白蘿蔔，但外皮則是如甜菜根般的紫紅色，只是不知它內裡是否也同外皮一般的色澤？各式各樣的蘿蔔，環肥燕瘦，都清亮水靈。若真要挑出點毛病，大概只有紅蘿蔔長得較瘠薄，但這並無礙於它們的新鮮，因為頂端綠葉上都摻夾一點潤溼的土，似是剛從田裡掘起。

來時總是晴天，天藍而淨。大覺寺不在市井繁華處，遊人也多不選擇步行，故沿路人少靜寧，更顯鄉間曠遠。

此寺是一千年前平安時期嵯峨天皇的宮殿，恢弘大氣，至今猶保存著中國唐風。不論是門扉、迴廊、屋舍，或是本堂，建築宏闊，木色蒼古不亮堂，有雍穆之態。其中一段迴廊，我猶記得十年前初次來時的情景。那日九點方過，院門甫開，五、六位年輕的僧人正蹲跪在此處，手拿著抹布專心且仔細地來回擦著木地板，沒有一位抬頭看我，彷彿我不存在。那迴廊盡頭，有數間堂屋，內有古物古畫，我因為怕影響他們灑掃，沒有走過去，而走了另一個方向。繞了一圈，返程回到正門口，也忘了那段路沒走過，就舉步離去。

待再來時，已是十年後。這十年，參拜的路線與建築、氣氛，彷彿沒有變動過。從進門，脫鞋，買票，門房親切地招呼，然後沿著參觀方向，走過一座座由木廊相連的建築，猶如走在過去的時空裡。若不仔細回想，會以為記憶直接焊連至十年前我初次來的景況，而從中截掉的那十年，成了一個不存在的虛詞。近幾年我每次來，都有這種感覺，也逐漸體會到，「昔」與「今」，不是兩個斷層，而是緊緊相繫，接續而至。

它容貌依然，氣質依舊。我甚至可以清楚地知道，順著這個廊緣，再經過一棟建築，就可以直通到湖邊。那湖，雖是人工湖，但千年前就有了。當時日本貴族嚮往中國文化，每逢中秋都會齊聚於湖邊彈箏、賞月、詠詩。這項傳統，也延續至今日。每年秋節，寺院會舉辦遊湖賞月，讓訪客也能親臨古人的風雅。

兩年前，我曾於中秋節到京都，本來計畫到大覺寺賞月，可惜遇雨，沒能成行，成為一憾。

緊鄰湖畔是金堂，除了供奉佛菩薩，還有個寫經處。去冬我在那裡，看見兩位年輕的日本女性到服務處申請了寫經。付了費用，拿了紙筆就在大殿左側擇座而定。她們端坐案前，姿態安和秀朗，一筆一畫，抄寫著文字簡約卻意義豐饒的經文。

緩步走出金堂，忽見大風揚起高懸的五色幡，映著日陽，金金麗麗，像燦爛盛開的繁花。

不禁心想，唐朝的風，應該也是這樣的。

拾得寒山

我從京都市區轉了兩趟車才到這裡。這寺院在城北的山麓，佔地頗廣。記得有位朋友曾說過，這片山林在深秋的時候，樹葉會慢慢由黃轉紅，起初是一點兩點的綴飾，但仍是綠浪綿延，突然某日一覺醒來，群山曠野全染紅，天地間頓時成了一片紅色的樹海。

只是我這次來，已入冬多時，葉早落盡，僅有零星殘綠，遍山灰枯蕭索。

寺院在一個人煙稀少的地方，從市區過來需要一小時以上的車程，沿途蜿蜒繞行山澗溪谷。

決定來這山寺，純粹是因為在書上看到它座落林間，遺世獨立。相較於常民氣息濃厚的神社，我更愛佛寺，佛寺的古遠與莊嚴，屢屢讓我流連，尤其是京都奈良一帶。悠長的歷史必定容納了許多故事，卻又能表現深刻的安靜從容，那是「沉」與「寂」的境地。

「沉」，是閱歷盛景後，對渾金與璞玉的取捨；「寂」，是眾聲喧嘩後的靜謐。兩者都是從光彩喧鬧處走來，來得曲折迂迴，卻是回歸天地間最純然的狀態。總要經過華燈高懸的麗景榮光，且在反覆的悲喜得失中，才會領悟黮闇處猶有星光熠熠。人於世，難免在盛世與凶年間徘徊，為避免與之扞格，往往背離素心隨波順流。世間充斥著金黃靛藍朱紅孔雀綠的虛榮，我也曾迷戀過那樣的浮華，以致荒唐過好多年月。

下公車，看好指標，往那寺院走去，一路盤旋而上的是狹長石徑。這時節雖無雪，但天極冷冽。步行約十分鐘，就看見巍峨的山門，但從山門走到金堂，還須爬一段長而陡的階梯。這裡不是著名景點，甚至連當地旅遊排行榜前二十名也排不上，沿途幾無旅人。石階的右方是草亭，左邊有鐘樓，遠天荒廓，但我有的是閑心閑情，可優游遺興，感覺清貴與淡古。

購票門堂的一方角落插著山裡斫來的一枝梅，細細長長的約一公尺，還帶著節眼，放在一個置地的透明花插裡，潤秀之中，帶著一點林間山野氣。門堂後方庭院有間草屋，是四帖半的茶室。我到時正好一席茶會剛結束，三位穿著雅致和服的女士，輕聲細步地相偕走出。和服是這樣的，不論花色多麼素淨，總會讓人有華麗慎重之感。我識得的日文不多，隱約只聽懂她們說天氣真冷，今天的茶碗真漂亮……。待她們走遠後，空氣又回復寂靜。

我走過一座橋，一片水池，池邊有座石碑，生遍青苔。然後走進一間香氣端穆雍和的廳堂。

堂裡供奉的是木雕的如意輪觀音，因年代久遠，色澤已從明麗轉為深潤，有一種歷經離亂後的安然自立。就像一個人的高貴，並不在於錦繡華彩，而在於洵怡淡定寵辱不驚。世道無常，時浮時沉，在被自私與欲望渲染的人間，我們都需要一縷屹然靜立，清澈無瑕的光。

一年之中，能有段時間可以走出日常緊湊的生活到他處旅行，是值得稱慶的事。哪怕節氣不夠好，風景不夠美。其實，美或不美的定義太簡單，就算晴光麗日，春花燦爛，或秋楓冶豔，也只是煙火一瞬。相對於前者，我更嚮往獨坐林間松子落的潛隱。就如此時此境，與菩薩相望，天凜人寂，但並不孤矜，反而是自得自在的豁朗，如拾得一座寒山。

我獨坐廊廡，在寂然中感覺雲影垂墜，光陰駘蕩。這樣的幽光，在山莽中自在地天真著，哪怕風來雨來，宇宙穹蒼都會一同接載。

長谷寺

日本關西地區有「西國三十三觀音靈場」，都是供奉觀音的佛寺，長谷寺是其中一座，在奈良縣櫻井市。交通不那麼方便，從京都過來，轉了兩趟電車，又走了將近二十分鐘才抵達。

要進本堂，得先走一段長長的登廊，共分上中下三大段。登廊頂上每隔約五公尺，即懸掛著長谷寺獨有造型的燈籠。這燈籠白色扁圓形，上下各嵌著玄色的圓飾，周圍也以同色的金屬護持。從登廊下往上望去，頂上的燈數大而美，典雅有古意。腳下是和緩的石階，每一顆石頭都被踩出了光澤，稜角也被磨出了圓潤。這段階梯不陡，又因為有轉角，讓人看不見盡頭在何處，可是走在其間，會願意在這廊梯多停留一會兒，感受無事閒走的悠然，並不急著直奔向上。

既不是花季，紅葉也已凋零，寺院的來客不多。就連長長的登廊也寥寂無人。天晴朗氣明淨，前無人後有風，兩旁夾道的是培育中的牡丹，零星的含苞待放。方圓數里，一派的靜，彷彿要將此山古老的光芒，全收攝在自己的身體與意念中。有那幾個霎那，甚至恍惚以為「自己」也不存在，無喜無哀。只專注一意地走著，沒有雜枝旁驚斜出。

這天是十二月十八日，據說此寺每月十八日是觀音結緣日。堂裡供奉的十一面觀音，恢恢宏宏十公尺高，乍看時會震撼於祂的高大巍峨。待再見時，才能細詳其貌。因為是古物，堂內僅門外透進來的熹微天光，昏暗下只見其面容祥藹端妍，衣紋卷舒，似有隋唐佛像豐腴飽滿，又有宋明秀朗之氣。祂美，美得清長安定。我合掌禮拜，思忖，再怎樣淺薄之人，也能在仰望睇觀的百轉千迴之中，找到最貼近自身的初心琉璃。

大殿此刻有一僧人身著白色僧袍，端坐執行著法事，兩袖有清風，他在正前方燃起一盆火，仔仔細細地將信眾寫妥的護摩木置於火中，舉止從容且慎重。偶爾吹來幾陣大風，傳出焚燒木片的劈劈啪啪聲。那些護摩木，乘載的全是信眾的心願。我站在殿門外，凝神靜看了好些時間。

這是我第一次看見身著白衣的僧人，那種白，如雪潔淨。想起剛進本堂前路過的洗手池，那池名喚「無垢」。

觀音，無垢，白衣，僧者。眼前的白衣僧像是觀音與世人之間的中介，將人間的種種願望，透過莊嚴儀式，傳遞給菩薩，讓祂能廣聽世人祈求，能俯瞰世間苦難。

人於世，至多百載。在悠長的時光長河裡，這一百年多麼微不足道。可是每一個年紀，每一個階段，不論願望大小，我們都渴望自身逢遇的諸事皆圓滿，萬事皆如意。偏偏人間事總與願相違，於是煙塵頻起，甚至不息不斷，矇了心念，如天網般縛住了自己。這一座佛寺，在此屹立數百年，看歷史迢遙遞嬗，聽山風萬壑跌宕。而人世間起伏擺盪的，何嘗只是歷史與山風？其實，未來永遠靜默如謎，因為這個「謎」，所以萌生惶惑與不安，但也因為這個「謎」，讓我們總能從荒木槁灰中生出希望。這廣闊天地用各種徵兆告訴我們：盛榮有

時，凋枯有時；歡喜有時，哀悲有時。如此想來，自縛的繩索會鬆落，心也就愈發疏闊了。

有一老婦繞著觀音像，一面走，一面膜拜，沉默地連走數圈，不時地從我身旁經過。也許發了願，也許要謝恩。繞行的步履矍鑠而堅定，彷彿在說法。

本堂前方是與京都清水寺一樣的舞台建築，站在舞台上往天空的邊沿望去，是奈良周圍連綿的山麓。面向群山的正殿門上掛有一匾額，用漢文篆體寫著：「大悲閣」三字，牌匾的色澤與墨跡都已走過無數歲月，古老拙樸。

倒是迴旋在山林裡的風，天真而直野，撲撲簌簌的，很年輕。

聽風

有時走進寺廟，只是想聽一回風聲。

曾經為了某個景色，專程到某處，常常會有來早了，或來晚了之憾。慢慢的，了解到大自然瞬息萬變，總有太多意外，人不能強求，只能順受。

但聆聽風聲，四季皆宜，無時不佳。

一直很喜歡京都大原寶泉院，此院建於日本平安時期，是座小巧的傳統寺院建築。來這裡數回，有時晴日，有時雨雪。走進斑駁的院門，會先經過一段小徑。徑旁的花草雖不嚴整，但蔓生中有規矩，紛沓中有法度，頗有千利休所說的「如花在野」的意趣。「野」，有自然之意，它是萬物的本來面目。人愈接近自然，也會與大地調和得愈圓融。

寶泉院客殿處無門板相隔，木柱如畫框般圍繞著庭園。視線寬闊，又居處山間，於是遠方山巔林木也成了庭院一景，風可以帶著野氣恣意湧入。在沒有什麼遊客的早晨，坐在面向群山的紅色地毯上，可以閉上雙眼感覺空氣的流動。就算坐一整個上午，人去人來，也互不干擾。來者彷彿都有一個默契，就是安靜。

這裡宜聽風，宜賞雪，宜觀天，唯獨不宜與人語。安坐於室，內心毫無牽掛與懸念，一如庭前老松如如不動。

如果「靈氣」是有客觀型態可以辨識，那麼我覺得此地是大原最有靈氣的地方。單單是坐著，也能感覺內心清淨盈滿。

東方美學有一種審美意識，稱為「素」，是保持素樸，沒有雜質的本真。它的核心是信任，信任自然，也深諳「變」的道理。知道世間所有的物質都會改變，於是不擋不競也不拒。這樣順應自然的「素」，讓寶泉院的椽木門扉即便遭受風化雨蝕，也是美麗萬分。那是因為經過時間的催化，所產生的閑靜寂寞。

是的，在寶泉院我所感覺到的就是「閑靜寂寞」。這裡的「寂寞」不是孤單冷清的意思，而是一種更深層的靜謐與出離。像一大片的留白，那留白處是天地，是風雲，人在此中，如墨跡暈染，心神會向四周逐漸虛化而延伸，然後，物我相融。那洪荒以來的古老光芒，也會一寸寸地收攝到身體裡。

風，就是這個過程的媒介。它是自然界最原始的樣貌，人類文明無法為它設色刻畫，但它又是一個豐饒的存在。不知它在何處生成，在何地消滅。聽風的時候，其實是對天地的一種敬仰，一種歸順。它帶來時間的流動，帶來萬物的生死，帶來草木的變化。秋去冬來，日升月落，於是大地有流動，有沉積。聽這山間野風，也許帶著溽暑的水氣，也許含藏著朝陽升起時的混沌，也許是大雪來前的呼嘯，也許是款步徐徐的謙遜。身體感覺著風的姿態與氣味，心神同時也正走向通往太古的捷徑。

我無法與人訴說這種很幽微的經驗，如同玻璃杯盛著清涼的水，不劇烈，也不炫耀，安詳與愉悅在心底迴旋。

每次走出院門，都會再望一眼院裡巍峨的五葉松，心下總捨不得離開這樣的閑寂。很羨慕那棵老松，靜靜地在這裡聽風，聽了七百年。

永觀・虛實

一個女人安靜地站在廊間。她三十多歲，面容柔和，舉止不急不躁。穿了件深藍色的大衣，背著山，面朝西邊看雨。

這段木棧走廊一階一階沿著山勢而上，而我是從底下正要往上走時，在一個轉彎處的隙縫見到她的。見到她的時候，我的腳步停了下來。這走廊有著古樸的屋簷，就算久立於此，也有不被風雨濺濕的妥貼。那日的雨，雨絲細得很纏綿，每一記水花都篤定。偶有一陣煙雲從山間升起，將天色染了一層薄薄的淡青。

我安靜地站在看得見她的地方，仰望著雨，仰望著她。那景象讓人無端歡喜，隱隱覺得在這雨水浥潤間，有一簇花正幽靜地綻放。

那是在京都的永觀堂。數月來，這女子的影像常在我腦裡浮現，雖然只是短暫的瞬間，但畫面就像照片般的真實。我以為也許曾在何時見過，但翻找近幾年去永觀堂拍的照片，卻沒有一次遇見雨，也沒有在那裡見過穿著藍色大衣的女人。我不知道這印象從何而來？它不像夢境那樣虛幻，也不像幻想那樣無邊。它有著看得到摸得著的清晰湛明，輪廓與細節也都歷歷在目，但卻恍若憑空飛來，落植於心。這讓我感到疑惑，於是仔細地縷析關於永觀堂的記憶。

初詣是冬日，距離現在大約七年。那時看完國寶「回首的阿彌陀佛」後，正打算走回大門，在一個古色悠然的佛堂後廊，看見一位穿著白色法衣，手執金色錫杖的和尚，從堂室後方的木門緩緩走入。我因為好奇，沿著迴廊繞到前廳，進入大殿，然後端坐於佛前。俄頃，一陣經誦聲響起。誦念經文的只有兩個和尚，一位是先前在後門遇到的那位，另一位年紀較輕，大概早就在殿內準備，等候大和尚主持禮儀。

我不是佛教徒，也不懂吟詠的是哪一段經文，但他倆吟唱的聲調跌宕優美，就連敲木魚、擊法磬的身段也溫徐曼妙。雖經數年，我依然記得那日聽經時，內心澄澄清明，一點顛盪也無。

誦經過程大約二十分鐘，猜想也許是寺院每日例行的晚課。又想，如果是晚課，那麼只要記好時間，依然能將這悅耳動人的經文再聽一次。當時很慶幸在走廊遇到了那名僧人，更慶幸的是，我沒有行程要追趕，可以氣定神閒地留了下來聽一段經。

隔年重遊，再隔年又去一次。這兩趟，一次是嚴寒凋枯的一月，一次是梅花綻放的二月。每次都看妥時間入寺，於是又聽了兩回經。雖然已無初次乍聽時的驚豔，但一樣意境迢遙，如清珠投水，如月在波心。

我突然想，這樣悠揚的梵唄，在這東山邊，日日唱誦，日日繞梁，不知歷經了多少年？

我是去過永觀堂才知道，國學家王國維曾在一九一一至一九一六年間僑居京都。這五年也是他生活最簡單，心思最沉靜，但學問卻宏納百川，磅礴變化的時期。他在一九一五年後，寓居於永觀堂。冬日推窗見飛雪瀅瀅，夏日搖扇觀山色翠黛。他非常喜愛這座寺院，在一九一六年回國後，甚至將自己的別號改為「永觀」、「觀堂」，可見此地物景讓他愜懷自泰。這使我想起白居易晚年歸隱香山寺，將自己的別號稱為「香山居士」；蘇軾因為在黃州城外的東坡開荒墾地，而自號「東坡居士」。他們仨雖然分別處在不同時空，但自命名號的方式，頗有同工之妙。

我揣想古人將別名與地名相合為一的心情，一定是對那地方有莫逆的相契，而這種相契，必是涵融著超越俗塵的清靈清澈，以及撞擊於心的莫失莫忘。

王國維一定也聽過這裡的經誦吧！不知百年前的他，與我聽見的是否相同？

永觀堂背倚東山，面朝京都盆地，是建於平安朝的千年寺廟。寺中有湖幽靜，有庭廊相連，有數座殿堂敦樸屹立。從高處俯瞰，滿目瀲廓。院子裡還有幾株白梅，有次我去正好綻放，在天光下映著寧靜的佛殿，更顯秀逸絕倫。

如此玓瓅的永觀堂，我索盡枯腸回溯再三，終歸還是不明白，那腦裡不斷湧現的「雨中永觀」，還有那女子的形象，究竟從何而來？

行入寂靜

我喜歡去京都。對我來說，那裡是一個充滿靈氣的地方。去時會特意到遠離市區人群，在山腳邊或山林間寂靜的寺廟。晴光也好，雨雪也好，坐上大半天。看天雲樹影，烏鴉啊啊飛過，聽長風在竹林間旋盪流連，有時還嗅著廳堂裡的焚香馡馡。常常這樣坐著，什麼也沒想，內心會自然生發出一股對天地萬物的敬仰。驚嘆於這樣的美，美得端莊而沉靜，不發散，自成內核。

這些透過感官，零碎不連續的片段，我會用紙筆記錄下來。記錄一場雪，如何從山的那端飛湧過來；記錄一朵花，用怎樣婉轉縈迴的身段悄然墜地；記錄幽光寸寸迤邐，庭園水池微波。相較於照相，我更喜歡用文字記錄，希望能將瞬間的所感體悟，以文字為琥珀，凝結於當下。

運氣好的時候，會遇到整座院落空靜無人，或偶有來客，也是躡腳輕足地來去。人聲默默，光陰漫漫。此時此刻，會產生對現世的出離感，彷彿離開了繁瑣緊湊的摩登現代。「自我」也會因為專注，而變得很小很小。那些追尋的聲望功名，憂擾的人情酬酢，過度的物質欲望，也都會成為身後揚起的塵埃，一一落地。這時候，心會逐漸澄明，逐漸清亮。

而那清亮的剎那，就是我的「靈光」。是纖塵不染，皎潔秀麗，是最饒富詩意的時刻。這源自於對天地的崇敬，也是我認為最接近生命本質的狀態。

年年到京都寺院，是行入寂靜尋找靈光的旅程。總覺得我是將一整年的靈感，藉由旅行，預先收攏起來，寄存在隨手記錄的本子裡。好讓文思枯索的來日，尚有片羽吉光可稽考，可鉤沉。

審美

曾在上海的地鐵通道，看見一位白髮蒼蒼的老婦擺著地攤，她身旁有個圓形的竹箴，放了好多用鮮花串成手圍大小的花環，讓人買了可以直接戴在手上。手環上用的多是茉莉、七里香、晚香玉之類的白色香花。整體模樣不細緻，甚至有些粗糙。生意似乎也不大好，那日晚上八點多經過時，竹箴裡還剩下許多，但那香花似乎已擺了一整天，瓣沿有些蔫萎。

我祖母那一輩的女性，會在清晨露水未晞時將花摘下，有些清供，有些則是別在髮鬢衣襟。如今不時興這樣做了，若只是純粹裝飾，現代人有更多選擇，金屬的、塑膠的，或是水晶珠玉，戴在身上，色澤鮮豔，樣式也新穎。

表象的美，往往會隨著歲月盈虧損滿，當物質衰敗後，就會產生一種格格不入的不合時宜，像那天晚上看到的香花。

說到手飾，有次在咖啡館，看見一中年女子，體態微臃，穿著簡單，臉上化著淡妝。她走進來，目光篤定，擇位坐下，點了飲料之後就從左手腕取下一只木色的珠串，安靜地握著。身姿端雅，神情怡和，周圍的喧譁彷彿與她並不相關。她自成一個世界，也許正無聲地唸著經，也許是靜默地冥想。那串珠子是尋常的，那女子也是尋常的，但那景象讓我覺得很有詩意。她的美，不在五官外貌，應是有著更深層的底蘊支撐這一份清淨調柔。

以前我不知道這類珠串的作用，朋友F去西藏旅行，帶給我一串一百零八顆的綠松石手串，盈盈綠翠，很美，我一直收在抽屜裡。她跟我說：「用來持咒，要不妳也可以戴在手上當裝飾。」

我不懂得持咒念經，但認為若只是表面的裝飾，倒有些辜負了這美麗的珠子，它應該有著更形上的意義，比方說哲學的，比方說宗教的。在我還無法賦予它更豐足的意涵時，我寧願將它仔細收著。以我目前的狀態，還配不上，畢竟底氣不足，容易流俗。人與物，須相配，才稱得上完美。不配，人就唐突，就尷尬。也許等到來日，對世理人情了解得更通透，我可以戴上它，像那咖啡館的女子一樣。

我喜歡美麗的事物，對我來說，「美」不是單一的物質表象，也不是浮面片段如沙丘紋樣的淺層記憶，它應當具備著恆定。恆定不是不凋不萎，而是接受會凋會萎，宛若鏡湖，映照萬物萬象。它是強大的理性，是一種走在懸崖猶能鎮靜自若的節制與收斂。我們藉由外在物質去感覺美，但那不是內核，只是手段。而真正的美，也要與善相隨，才能呈現朗淨靈澈，那麼縱使遭逢侮慢或悲傷，也能湛然分明，玲瓏剔透。反之，則容易陷入偏執與暗昧，甚至跌墮深淵。

經由審美，可以從很細微的角度，看見廣闊。就像走進日本佛院茶室，通室寂然，單單看著字畫與瓶花，也會覺得美。不僅僅是因為字美或花美，而是物象背後還充盈著一股強韌的精神，看似彼此獨立，實則是兩相交融粹煉後，達到形神一體的狀態。這種狀態，是美的聚合，也是美的境界。

對照記

三年前參加一場日本裏千家茶會，主人準備了一人一套的懷石料理。因為茶席中的言談舉止都得符合茶道禮儀，所以等到茶會結束，才有人問：「為什麼日本人吃飯總是一人一餐盤的定食，而不是像華人合桌共食？」

當時我也思索了這個問題。

日本有一段非常孺慕中國文化的年代，派了大量留學生到唐代的長安城學習，內容包含精神層次的佛教思想、熏香品香、文學書畫……，還有生活日常的舉箸餐食，喝茶飲酒……等。其中學習規模最大的，莫過於複製長安洛陽的城市規劃，建造一座平安京（京都）。也就是說，在日本的平安朝，從貴族到宗教，從宗教到平民，整個社會都籠罩在唐文化中。那麼，有沒有可能這套分食制度，也是追隨唐風？

其實從先秦到唐代，古人都是採用分食制。食物烹煮好後，一人一份，或站立一旁，或坐在矮几前吃。這與我們在歷史劇中看到王公貴族的宴飲場面相差無幾。一直到唐末五代，才從分食，逐漸發展成合食，那是因為高桌子與高椅子出現之後產生的變化，畢竟高桌高椅坐起來較舒適。但這種唐人跪坐於案前的飲食方式，卻被當時居住在長安城的日本留學生，帶回東瀛保留至今。

關於飲食，日本保留了很多唐風，其中也包含過年要飲用屠蘇酒。

「屠蘇酒」最早出現於晉朝，到了唐朝成為百姓正月初一都會飲用的酒。每年除夕時，人們將包裹藥草的布囊懸掛浸入井水，到元日當天，取出井水放在酒樽中，全家人一起飲用，有祈求新年安康之意。其中「屠」是割，「蘇」是藥草。屠蘇酒，就是用割下的藥草泡成的酒。

我們在台灣已不見這習俗了，但我有一位日本朋友，她在過年前都會到藥局買茶袋裝的屠蘇散，除夕時泡入清酒中，放至隔日新年元旦全家一起飲用。據她說，更傳統的日本人還會在飲用時唱誦：「一人飲，一家無疫；一家飲，一里無疫」。至於日本為何是西曆元旦喝這酒，那是因為十九世紀明治維新，日皇下令全盤西化，所以不再使用華夏曆法，但這風俗卻保存了下來。

既然說到了酒，就不能不提影響更深廣的「茶」。人們總說：「茶興於唐，盛於宋。」但根據目前考古出土的植物遺存可知，茶葉在漢朝就已被人使用。唐代以前南方多飲茶，北方多飲乳製品。當時僧人發現茶有清心醒腦，不容易打瞌睡之效，而進入了佛教寺院。中唐時隨著禪宗北傳，飲茶之風才在長安城內流行起來。

唐人飲茶的方法跟現在有很大不同。他們先將茶葉烘乾後壓成餅狀，熬製前掰成一小塊在火上烤，烤至又紅又乾時搗碎。同時起一鍋水。水開前加入蔥薑花椒大棗桂皮薄荷，及奶酪油脂後，再將搗碎的茶葉加入熬煮，最後分杯飲用。這樣的煮茶方式現已不多見，但從中國西南少數民族的「打油茶」，還可一窺端倪。

但到了宋代，出現了相當大的變化。喝茶不再加花椒大棗奶酪，而是將茶葉碾成粉末後放至茶碗，加入沸水用茶筅迅速地刷茶，也稱為「點茶」。不知為什麼，每次我想起宋人刷茶飲茶，腦裡都會浮現蘇東坡跟佛印禪師喝茶鬥嘴的形象。

然而，這種點茶法在元明以後逐漸匿跡。至於我們現在用的壺蓋式喝法，是明朝之後的事。

宋代的刷茶法雖然在中土成了絕學，卻隨著那時佛教僧人傳到了日本，發展成獨樹一格的茶道文化，也就是「茶禪一味」的品茶美學。如今我們到日本京都，總想體驗在寂靜的茶室中，喝一碗用竹筅刷成的傳統抹茶，感懷古人幽情。

文化發展是緩慢的，常常需要時間與空間的對照，才能看清流變的脈絡。它是由多重符碼所組成的印記，影響著世世代代的人群。在歲月的流轉中，有些風俗被發揚，有些正走向頹勢，有些則已成為泡沫，退出了人類場域。留下來的那些看似尋常，看似理所當然的「習慣」，都是經過歷史反覆地琢磨與淘洗，淬煉而成的文化光影。這些光影，哪怕只是微弱的光亮，每每看到還有人堅持著，實踐著，都讓我無比敬重，無比珍視。

人間好

遇到好人，要知道人間待你不薄。
遇到壞人，要知道所有的好都得來不易。

情長

旅行時，常會路過一些安靜的地方，鄉村人家零星錯落，田間阡陌交疊。曾見土屋頹牆邊有桃花綻放，花開得燦爛，對當地更是心嚮往之。總想停下來住一宿，看看那裡的街巷，那裡的夜晚與星空，希望在向晚落花林間穿過，如果遇雨，也好，那就可以聽雨聲淅瀝下在屋簷，下在花樹，下在泥地。

可是，車子總是一路往前，曾經的景色都成過眼繁華，甚至後來也搜尋不到那裡的地名。這樣的物過影留，像從前人寫的文章，清逸而深情。當旅途中的景色成彤雲夕光般的短暫須臾，殘存的記憶就只剩下綱目，如果寫出來，那麼就會像我給你的信，都是簡寫。真正的心語，反而隱而不言，像從月光裡飛來的細雪。

總想記住所有的細節，總想記住我們之間的往來對談。我揣摩著所有字句之間的深意，像細賞一處景。雖然我知道，景會變，人會散，我們終究誰也留不住誰。有時候我甚至覺得，對於你的所有揣度，都是我的一念生一念滅，沒有前提，沒有推論，當然也不會結果。

有一日，我在上海的地鐵通道，有位男子臉黑黑的穿著藍衣灰褲，不似城裡人光鮮，用扁擔挑了兩簍農產，一簍只剩零星幾顆無花果。那無花果果實碩大，比我之前看到的還要大許多，本想買，但想到沒有水果刀而作罷。倒是旁邊另一簍筐裡，滿滿的蓮蓬，都快溢出來了。我在書上曾經讀到，江南人常是一手拿蓮蓬，一手直接摳出蓮子吃，走路時能吃，看電視時也能吃。不知怎麼的，我一想到那景象，就聯想起吃零嘴的觀世音。

我在信上寫了這事，你說看到「吃零嘴的觀世音」時笑了起來。其實我跟你說了許多日常所見，卻沒有告訴你，我到上海，是因為這是你曾居住過的城市。你多年前曾提起過這裡有個舊貨市場，在東台路，很值得逛。我說我若到上海一定會去。

我在那座城市也曾遇到一對年輕情侶，在一個地鐵通道的美食街一家食肆，是常民小吃，要跟人併桌的那種。他們排在我前面，點完後，店員問他們：「要不要澆頭[1]？」那男孩問：「什麼是澆頭？」店員解釋了一下。我猜，他們大概也是從外地來的。我點完餐後，整個餐廳只剩他們對面還有位置，於是我就坐在那女孩的對面。他們大學生模樣，那時正當暑假，也許相偕來玩吧！那女孩五官端正，長得很好看，戴頂白色的棒球帽，帽子上還有對很可愛的貓耳朵。跟那男孩說話柔聲細語的，我聽不懂他們的語言，本想默默地吃完後就離開，可是我突然想，這樣同桌共餐，是怎樣的緣分？我突然與那女孩聊了起來，問他們是哪裡人？女孩說他們是河南人。男孩補充了一句：「我在這裡打工，她這幾天來找我。」我腦裡想著河南在哪裡，但印象太模糊，實在揣摩不出，只能從方才聽到的方言判斷，應該與上海相隔至少千里吧！這女孩，一定非常喜歡她男朋友，才會這樣迢

1　澆頭：麵或米飯上「澆」的配料，如肉絲、豆腐乾等等。

迢奔赴而來。青春啊！連愛情都這樣果敢赫昭，我羨慕著那樣的情長，那樣的路長。之後我們吃完飯，彼此說了聲再見，就各奔他方。

翌日，我依先前與你說的，去了趟東台路，卻發現舊貨市場在前年已經歇業，終究沒能逛成，倒是去了圖書館跟書城。因為一直在市中心，傍晚順道去黃浦江畔看東方明珠。外灘堤岸滿滿的人，如過江之鯽，我草草拍了幾張照片，就跟著人群從階梯走下來。在等待過馬路時，看見了那頂帽子，白色的，頂上還有對貓耳朵。就著熹微的街燈下仔細看，啊！是他們。我忖度著是否要上前去打聲招呼，卻在走過馬路後，在人潮中遺失了他們的蹤影。

是怎樣的緣分，讓我與他們在這座大城市中遇見兩次？人的生命裡，有多少的相遇只有一面之緣？又有多少是匆匆錯過，連頷首問候都沒有？這樣想來，我寧願相信有輪迴，相信所有的相遇都有跡可循，而不是隨機的偶然。如此才能意識到所有的「遇見」都來之不易，彼此也才會珍重。

人際往來，有時會因為性別而有所隔閡，怕糾纏於情愛，擾亂一泓清水。我一直覺得，當靈魂在同樣的高度，且相互撞擊時，應是超越世俗性別，是感同所感，相知相惜，是一種澄澈的慈悲。

至於我與你之間，我留下很多伏筆沒有告訴你。那是因為，寧願在此生留一點遺憾，好讓我們來生還有重逢的可能。

素錦

我選了一款名喚「素錦」的香柱，請店員包裝起來。

這家店在我上課的茶道教室附近，我來過幾回。專賣藏香，兼賣一些西藏文物。進去逛了一圈，薰了滿身香，聞起來沉遠，彷彿走了一段很遠的路，底氣扎實而篤定。

那店員秀秀氣氣的，只是介紹，並不推銷。我結完帳，正看著一幅畫。店員不知我等人，以為我對畫像有興趣，說：「這是『唐卡』。唐卡，是藏文的音譯，意思是可以卷起來的畫。並不侷限在宗教畫。」我看到的是一幅文殊菩薩的畫像，線條顏色都很細緻。我不是佛教徒，對菩薩的形象並不熟悉，那店員柔聲說著畫中的那把劍……

這雨下了好多天，一個女子從雨中走來。她在店門外甩了甩傘，將水珠甩落，然後將傘放在門外的傘桶。走進店，看到我，笑盈盈地跟我打了聲招呼，那時我正在看文殊菩薩的唐卡。我見她肩頭微洇著水跡，穿著白衫藍長褲，腳上踩著紅色的平底鞋。我覺得這世間大概也只有她，能將一件簡單的白襯衫，穿出風清月朗。看見了她之後，興沖沖地拉著她往展示藏香的商品櫃走去，指著一款香柱，名喚「素錦」。我笑著對她說，說這名字取得真好，天時地利人和的，不像迢迢遙遙的西藏高原，倒像個江南水湄女子。

她有點羞怯地笑道：「啊！好巧呀。」

她也叫「素錦」。我有兩三年不見她了，是上海人，也在上海工作，努力地過著日子。七月我去上海時，她不巧到雲南去了，沒見到面。素錦看到我之後，劈頭就說：「我這次來，帶了好幾本筆記本給妳，是我在麗江、大理買的。去玩的時候，看了漂亮，想著有機會就拿給妳。真是想啥就會有啥，上月末公司臨時要我來台北洽公，所以這注定要給妳的。而且這筆記本裡面都是白的，沒有格子線條，就是妳喜歡的樣式。我記得妳總是隨身帶著的。」

我們從那家店走出，下雨天不適合逛街，就在附近找了間咖啡店坐下聊天。在她面前，我的話總是少。我喜歡聽她說，說在上海遇到的窩囊事，連買個金鈴子甜杏都被掐斤減兩，還扔了幾顆爛的進袋裡，還有在雲南大理遇到一對年輕夫妻，開了間書吧[1]，選的物件都挺好，不庸俗，帶著點小清新的範兒[2]。

「誒，我買給妳的筆記，這一本就是那裡買的，還有這圍巾也是。」她一面拿出本子，一面取出一條青靛色的花圍巾：「從今天起，這些都是妳的了。」

她沒有心眼地說著，明明該是精明幹練的滬江人，卻完全沒有上海人的矯情與市儈。

她的左手腕戴著個寬版厚實的銀鐲，是老銀質地。我一直覺得女生戴銀鐲子最美。她說那鐲子是在大理跟一個白族的老婦人買的。因為很喜歡鐲子上的紋飾，沒殺價就買了。那鐲子不精細，卻有種古

1 書吧：指複合式書店，除了賣書之外還兼賣飲料，有些還賣些文創商品。

2 範兒：北京方言，代表有勁頭、派頭，近似於「氣質」。

巧的樸，好像還迂迴在古老的時代裡。其實她的手腕細，應該會顯厚重，但不知為何，她戴上之後卻有種莫名的相契。人與物之間，彷彿也有前生今世，總會有種種的因緣，讓彼此在最適當的時機遇見。這就好像，人無法用客觀的知識與詞彙去定義「喜歡」。喜歡的人，或物，自然而然就會進入你的視線，哪怕是小小的一塊墨，哪怕是一摞不起眼的紙。有時，你只是路過，他也會在街邊喊你：「嗨，我在這裡！」用的正好是你能聽見的音量。

「喜歡」，是一出場，就知道彼此能擁抱的相知。

我遇見素錦，也是這樣的巧合。

二〇〇六年我第一次去京都，買了旅遊套票去大原。在國際會館車站等車，她就排在我前面，也是一個人。紮個馬尾，一襲白衫，一件深藍色羽絨外套，清泠泠的，背後是橘色的後背包，偶爾會轉頭看一下車來了沒。她大眼圓臉，面容清亮鎮定，像那日的天空。

車來後，我隨著排隊人群從後門上車，當時我在車門邊，不知道是否要抽整理券（日本公車記錄里程的單子），在機器前躊躇了一下。她坐在門邊的位置，正好看見我惶惑的神情，用我能看到的姿勢，對我搖搖手。我會意，卻一時慌了，用中文跟她道謝，也不知道她聽不聽得懂。

我們都在大原車站下車，也都走了遊客少，往寂光院的方向。時節已過霜降，菜蔬大概都已收成，田間露出土色。我走在前面，對著平疇遠山拍照，雖已近冬，但日陽下吹著風並不覺得冷，反而很舒服。我走走看看，看近處人家牆垣屋瓦，看田間阡陌綿延，看穹蒼闃闊。因為時候還早，路上並無其他遊人。正當我停下看風景時，她走到我身邊，小聲地問了：「台灣人？」

我：「是啊！妳呢？」

她：「我上海人，自己來玩。」

這是往寂光院唯一的小徑，我們也沒特意找話題，就這樣一路有一句沒一句地聊著，相偕走到寺院，也不覺尷尬。她說了這寺院的故事，說一位女子曾在這裡出家隱居。是《平家物語》裡記載的，也算是看盡歷史滄涼的地方。

我們的年紀相當，但覺得她見識比我廣博，心裡高興有她相伴。後來我們又逛了另一方向的三千院與寶泉院。我們在寶泉院靜坐了大約一刻鐘。天光孤高，野風疊疊，樹影搖曳一地。旅人在我們身邊來來去去，一直到我們都覺得可以離開了，也忘了是誰先開口問：「要走了嗎？」「好。」就雙雙站起。那默契，恍若相識已久。直至傍晚，我們才搭車返回京都，並在京都車站道別，她續往大阪，我尚留京都。說再見的時候，月亮很近，邊角很清晰。

一直記得那個秋陽日，我們在三千院的樹林，看見一顆松子落地的重量；在寶泉院的堂廳，凝神靜聽檐角鈴鐸一陣響。我很慶幸，我們是這樣開始交往的，在異地邂逅，卻帶著難以名狀的熟悉感，彷彿星海浮槎間遇見。

回台灣後，我們陸續用MSN聯繫，又幾年有了臉書微信，我們就更相熟。她幼年與家人從溫州到上海，大學畢業後在金融圈工作，一得空就到處旅行，總是一個人大江南北的跑，卻從未離開過亞洲。她說：相較於歐陸，她更迷戀東方文明。

我說，我也是。

這十多年，我們的生命各自逢遇數不清的熱鬧璀璨與蕭冷暗灰。彼此的一封信，或一句短語，都能讓人逐漸清澄，逐漸明亮。內心不夠強大的時候，想著這世界仍有個與自己相似的人，縱然無法同住一座城，卻可以悲同悲，喜同喜，就會萌生出繼續往前走的力量。人與人之間的情分，其實不需要太亮的光，只要能照清彼此方寸即可。那麼，就算世界走到了荒日，也能不寂寞。

如今，我們在台北的咖啡店，她說著三個月前的雲南行跡，我抱怨著大陸通行的行動支付讓只能付現的我常遭白眼。

「妳說下一回，我們一起去哪裡呢？」

我們斜睨著對方，挑起眉，幾乎不約而同地同聲說——「西藏」。

然後相視大笑，彼此承諾：「一定。」

我拿出方才在店裡買的藏香，遞給她：「素錦，送給素錦。」

想起我們那年初識，也大約是這個時節。

雍和

她叫雍和，在她第一句跟我說：「妳好」的時候，我就喜歡她了。

六年前我去上海，朋友F託我帶了東西給雍和。那之前我並沒有見過她，F說她會到旅館找我。

我住在徐匯區，旅館外沿街都是綠意盎然的法國梧桐，上樓放下行李後就坐在一樓大堂等她，F要給她的文件有些急，我此行也算兼當一回快遞。沒等多久，看見一個短髮女生走過梧桐樹的綠蔭，推門進來，動作簡潔俐落。她穿了件沉綠色的苧麻長裙，上衣是白色棉衫，靠近脖子的地方有一顆小小的紅色珠扣，整個人看起來很乾淨。我們在通訊軟體談過話，也看過彼此的照片。我認出她，站起來，她也認出我，朝我走來，眼神晶瑩，笑容大方而誠懇，說：「妳好，我是雍和」。

她因為要趕回公司，寒暄幾句後，在紙上畫了張地圖給我，約了隔日傍晚在田子坊的蓮池餐廳吃晚餐。她說，如果我到得早，可以去逛逛，那裡很多小資喜歡去。

翌日下午，我提早去了田子坊，一來是逛街，二來是先確認餐廳方位，以免遲到失禮。田子坊是一處上海的弄堂，周圍都是有點歷史的老房子，但現在已開發成商業區。街巷蜿蜒錯綜，兩旁有許多商店，坪數都不大，窄窄小小的。

我在那裡看見「雪花膏」這商品。這三個字太熟悉，常在小說裡讀到，敘述上世紀三四〇年代，那些氣質溫婉的小姐太太，早晨或晚上都會從梳妝台拿起雪花膏搽臉……。而今日，罐子上猶印著那年代風姿綽約的上海女子，很有復古情懷。除了雪花膏，還路過一處販售土耳其水煙的店家。這店主在騎樓擺了幾張桌子，桌上放置著水煙器具，那時正好有人就著煙具，坐在椅子上吞雲吐霧，面容安詳，眼神迷離。我不大明白抽這種煙的樂趣，乍看有時空錯置的違和，好像遇見清末民初吸鴉片的人。

總之，第一次到田子坊，看到什麼都覺得新鮮，很感謝雍和推薦了好地方。

我在其間兜兜轉轉，買了一個仿汝窯的茶壺，還有數枚普洱小沱茶。我喝茶不怎麼有定性，到杭州買龍井，到北京買香片，到日本買煎茶，有什麼買什麼，買什麼喝什麼，但前提都得不貴。

晚上在餐廳與雍和碰面後，興致高昂地跟她說，這一小區實在太好逛了，比淮海路的百貨公司有趣。她朗朗地大笑，看了我的戰利品，神祕地說：「等會兒吃完飯，我帶妳去一間專賣苗族藍染的店，那裡的物件都很漂亮。」

雍和與奶奶同住，也跟著奶奶吃了很多年的素，很喜歡這家餐廳的咖哩。餐廳在二樓，室內角落遍布著印度尼泊爾的南亞風情，桌椅都是敦敦實實的原木，沙發區擺著明黃色、湖水綠的靠枕，枕上繡著絳紅色的大象與曼陀羅，而靠窗處懸掛著大面積印有菩提葉的湛藍窗簾……整間屋子瑰麗明亮。

雍和說，她曾帶她奶奶來過，奶奶一走上來，就嘩啦啦地一直嫌棄室內的配色，說紅的配黃的綠的，多鬧騰多刺眼……。說得時候也不管服務員就在旁邊，害她聽得尷尷尬尬。

雍和的直率，讓原本還有些陌生的我們熟悉許多。也或許，女生跟女生之間如果頻率相當，很容易自來熟。她話多，為的是不冷場的體貼。我們聊星座，聊共同的朋友F，順隨著話意，她提起近一年祖母身體愈來愈不好，大腦退化得也嚴重。她說，有一天她問奶奶：「妳叫什麼名字？」奶奶說：「奶奶。」她又問：「就像我叫雍和，那妳呢？」祖母一臉茫然，回：「沒錯呀！妳是雍和，我是奶奶。大家都叫我奶奶。」

她頓了一下，用很輕的語調跟我說：「一個女人，活到了晚年，為生活為家庭奉獻一輩子，到後來連自己的名字都忘了。」

我聽著眼底隱隱一陣酸，也看到雍和性情裡的細緻。

吃過飯後，她帶著我穿街越巷，到她說的那間賣苗族物品的商店。那店果然很有民族特色，我選了筆袋、杯墊，還剪一塊雙色印染的蝴蝶花布，打算回台北做成門簾。結帳出門時，雍和咧著嘴笑：

「剛才在餐廳看妳買的東西，就猜想妳大概會中意這家店。」

是啊！中意。她似乎有種能看穿人心的天賦。

那晚臨別前，她在路邊水果攤認真地挑了好幾個黃杏跟金鈴子給我，那金鈴子我第一次見到，身形短胖如鈴，色澤橘橙如金。她說：「吃裡面的籽，甜的，好吃。」我接過那一袋滿滿的金金燦燦，彷彿接過她清亮明麗的笑。

那之後，我們各自在世間流轉。我再去田子坊已是五年後，曾經去過的那些商鋪多已更替成新店，唯獨轉角處的蓮池餐廳還在。我停在街邊抬頭望上，看見有扇窗戶打開著，湛藍色的窗簾隨風颼盪。

想起已經離開上海的雍和。

趙丹

趙丹，是雍和的祖母。我在上海的時候，因為好奇，隨口問了雍和她祖母為何吃素？雍和才說起這一段舊事。

老一輩的人事，都帶著一點時代的煙塵，那微微的光暈，彷彿穿越時空的細縫，與我照面。

趙丹出生於上世紀的二〇年代尾。幼年住在江蘇的一個小鄉村，家中務農，也不知道是哪來的靈慧，每到傍晚四五點，都會到附近的一間佛寺聽和尚念經。她其實聽不懂經文，只覺那音調很美。聽著聽著，和尚就習慣每天都會有這個小女孩一同做晚課。

寺廟大殿旁有個小庭院，僧人們在那裡耕耘種菜，有蕃茄黃瓜，還有豆角秋葵。院門口是兩棵銀杏樹，據說兩百年了，夏日，綠蔭蔽天；冬日，遍地黃葉。趙丹得空就往廟裡跑，不只對著大佛觀音禮拜，有時繞過供奉很多牌位的廳堂，也朝裡合掌。

在她十五歲時，曾問廟裡的大和尚：「什麼是修行？」大和尚告訴她：「修行是讓自己可以處在安靜之中。」她似懂非懂，回家的路上看著水邊芙渠疊翠，白雲縈繞，手腕裡戴著大和尚剛才送給她的佛珠。那時她還不知道，岳撼山崩的戰爭，已倏忽而至。

軍隊來了，佔據了寺廟，趕走了廟裡的僧人，大人們各個愁容滿面。趙丹沒有讀過書，但因為曾在廟裡跟著讀經，認得幾個字，於是就有村人拿信請她幫著讀。那時有個叫天慶的人，在上海幫法國人工作，寫了封信託人帶回鄉給他的寡母，信裡說上海有租界，還算安全，希望母親能前來相聚，彼此也有照應。村里長老一同給建議，決定讓趙丹與那老母親同行，同行的還有趙丹的大哥。

趙丹和天慶小時候曾一起玩，兩家本來就有意結親，如今遇到這狀況，眾人對未來情勢也惶惶恐恐，而一個未出閣的女孩子留在鄉村終是不妥。這期間常聽見鄰近村莊有女孩子遭惡人侮辱的事情，所以趙丹的父母縱然不捨，幾番權衡下，還是讓女兒陪天慶的母親到上海。總覺得這好歹也是一條出路。遠行前，殷殷囑託長子到上海務必為趙丹的婚事做主。

他們一行三人舟車輾轉抵滬。戰時，什麼都將就著，住的、吃的、用的，也包含兩人的婚禮。其實哪有什麼「禮」？不過就是簡簡單單的一杯濁酒一頓便飯。趙丹的大哥在妹妹婚後，沒有絲毫耽擱即啟程回鄉覆命。

那些年趙丹常常有山窮無路之感，卻也總能峰迴路轉絕處逢生，一家人在饑饉與災荒中倒也活了下來。趙丹與天慶的孩子出生，她在窘迫的茶米油鹽中奉養著婆婆與撫育幼子，逐漸與年少歲月告別。

數年後，她與天慶送走了長年憂苦的老母。兒子二十歲時，又送走了積勞成疾的天慶。天慶走後，戰亂已平息，獨子下鄉到農村鍛鍊，結了婚，生下雍和，但因為政治環境詭譎，疲於奔命無暇撫養，遂將雍和送回上海，開始了祖孫倆相依為命的歲月。

一九九〇年，雍和已上中學，有一天趙丹跟她上街，路過曾因戰亂毀壞，而當時已重建開放的靜安寺。趙丹在寺門外佇立了一會兒，考慮什麼似的，突然拐了個彎攜著雍和走進去。雍和那時不明所以，看著趙丹到大殿對佛菩薩合十鞠躬，跪下又站起，反覆數次，那動作有著陌生的遲疑。

又兩年，趙丹帶著她回江蘇老家省親。她們走過一段荒涼的寺院過道，兩旁蔓草叢生，在一面殘壁處，趙丹說：「這裡曾經是個整齊規整的寺廟，瞧，那棵樹旁邊以前有片田畦，我常來這裡玩，有時還幫著僧人澆水……」

雍和突然問：「妳拜佛的規矩也是在這裡學的嗎？」

趙丹：「是呀。那時跟著晚課，廟裡的大和尚教的。其實動作有點忘記了。」

趙丹又接著說：「很多事情都由不得人，好像被時間推著走，當年的我哪裡又能知道，陪我回來的竟是我的孫女？而廟裡的和尚，如今也不知流落何方。」

大和尚給她的那串佛珠，早已不知所蹤，但她卻一直記得和尚說的：「修行是讓自己可以處在安靜之中。」

那次返回上海後，趙丹就決意吃素，她說：「我的餘生已不多，我被世間的喧囂淹沒得太久太久。」

聽完這句話，雍和突然明白，「修行」是祖母年輕時的心願，也許在她當年問大和尚：「什麼是修行」時就有這個想法了。她在最燦爛的年月，遇上了兵燹，從那一村到這一城，逃難似的走入婚姻，也配合著別人的人生。一輩子顛簸庸碌，到了晚年才能為自己做一件事。她彷彿用一種無聲的堅定，實踐她的意念，回歸她的本心。

雍和說完她祖母的故事，從手機裡找出一張翻拍的照片，黑白的，帶著光陰的鐫痕。

照片裡是一個年輕女子，站在落地的格子窗前，及肩的髮，一雙眼睛猶自清亮。

丹青

他沏了一壺普洱，示意我坐下，給我倒了一碗茶。我喝了一口，茶韻醇厚綿長。

他是梁先生，年逾七十了。我曾跟他學過畫，其實也不能說「學」，說「體驗」可能比較準確一些，因為我並沒有完整地畫完一幅畫。他教國畫，屬於嶺南畫派，香港人，到台灣教過書，後來又回香港定居。住在沙田車站旁的一個社區。

我那時幫一個台北的朋友K來拿字，K託梁先生寫幾個字，剛好我來香港看展，剛好我也認識梁先生……總總的剛好，促成此行。

那天從沙田車站出來，沒仔細看地圖，即往前方一處沿途都是寺廟道觀的山路走，後來路愈來愈狹仄，愈走愈荒涼，我覺得不對勁，心想可能走岔了路。看了時間，確定無法準時，提前撥了電話給梁先生，他問我在哪裡，然後說：「錯了，要再往回走到車站，他家就在車站出口外另一個方向的山道上。

這一折騰，遲到了將近二十分鐘。拜訪長輩竟然遲到，讓我慚愧得不知如何是好。我抵達時，遠遠地就看見先生與師母一同站在社區門口等候。先生清癯頎長，師母豐潤慈藹，兩人熱情地迎我進去，直叨念著，這麼熱的天，白走了這一大段路。

梁先生問我還有沒有畫畫，我說沒有，自覺得沒有天分，只寫寫文章。我送了一本我寫的書，梁先生看了書名，說：「『豔豔』，這兩個字好，顏色不言而喻，不言丹青卻有丹青，有畫面有意境。瞧，中文字就是這麼美。」

他將書放在茶几上，起身到書畫桌前拿起一幅字，喚我過去看看。那張大桌開闊得彷彿可以容納群山浩海。桌上還有未用盡的顏料，青紅綠黃紫，色澤豐饒，畫筆散置一旁。那時梁師母拿了豆沙餅走進來，跟著我們看著那幅字。那是大楷字，紙墨如新，字體幽古，寫著：「山色蒼然」。他捲起放進圓筒裡遞給我。那是要給K的字。

K是梁先生的入門弟子，認認真真地學了好幾年的畫，而我則是連畫樹葉也不得要領的門外漢。以前梁先生上課曾說：「畫紫薇的時候，要畫出『動』，不要呆呆板板的。紫薇又叫癢癢樹，人碰風碰，常常就滿樹搖曳，像是有人撓癢癢。」

記得這件事，並不是因為我有多用功，而是「癢癢樹」這形容太生動，所以才記了下來。我說給梁先生聽，他笑了一笑，說：「現今誠誠懇懇習畫的人少了，大多是要立竿見影，最好今日初入門，明日就能畫梅蘭竹。」

我說：「不過，畫畫真的難，比寫文章要難多了。」

梁先生回：「藝術這事，沒有誰難誰易，各人有各人的本命，也沒有高下。」

梁先生說話，音調徐緩，夾雜著廣東口音，但一字一句慢慢聽，也能聽得明白。

此時，窗外忽有濃雲密布，雖然有窗簾相隔，也能感覺雷電在天際湧動。沒多久，嘩一聲，大雨滂沱落下。梁先生起身到窗邊，回座後說：「這麼大的雨，妳走不了，等雨停再離開。」

我沒有推諉，因為拿著字，不能淋到雨，於是我們繼續喝著普洱閒聊。他隨意說起普洱的種類與年分，如何藏茶，如何等待。很多人不懂得「等」，卻不知太倉促就浮躁，一浮躁就沒底氣。生命中有些事情急不得，書畫是這般，寫文章也是這般，太開心、太悲傷，情緒在高點時都不能動筆，得等一等，如此作品才能有唐代醴泉般的豐厚，宋代官窯般的細緻。他一面說，一面在煮水的炭火中放進一塊香木。沒多久，滿室生香。

梁先生在知道我想去新界的慈山寺，卻因那幾日參觀的人已登記額滿，以致無法成行後，思忖了幾秒，突然起身到另間屋子，回來時手裡拿著一個小木匣，匣蓋上雕著一尊菩薩像。他連同木匣遞給我，說：「上個月附近的一間禪寺僧人來取畫，贈了我一個物件。我轉贈給妳，只不過這不是慈山寺的。」

裡面是一串一百零八顆的念珠，青綠色細細小小綠松石。我細細端詳，每三十六顆以一紫檀圓珠分別，母珠兩旁各有一顆鮮紅色的珠子間隔，色澤明麗。

我脫口：「也是丹青，丹與青。」

梁先生聽完一愣，隨即哈哈大笑。但我倒是有些不好意思，收下這禮，擔心太貴重；不收，又怕違逆老先生心意。梁師母大概感受到我的兩難，溫煦地說：「我們有好多串呢！這佛珠本來就是廟裡的師父給的，妳若覺得不安，就念幾串觀音咒幫我們迴向給眾生吧！」

一小時後，雨勢漸歇，我背著要給K的畫筒，起身告別。打擾了將近兩個鐘頭，也難為兩位老人家跟一個知識疏陋的女子午後閒話。

臨別前，梁先生又叮嚀了一句：「筆下要有丹青。」

我點頭。明白先生所指：不只是顏色，還要有底蘊。

我沿著蒼鬱的林徑，一路下山。

遠方有雨後泛起煙嵐的山影，坡道上還可以聽見雲雀在歌唱。

各有各的味

多年前因為工作的關係，接待了一位從遼寧來的藝術家。他到台北之前，已先至台南訪友。我心想，府城是台灣美食之都，去過台南，想必對當地飲食有所領會，於是見面時，順口問了句：「台南食物很好吃吧？」卻見他原本燦爛的笑臉，愁黲下來，欲言又止，欲止又言，好不容易回了句：「都是甜的。」

華人飲食文化，向來有「北鹹南甜」之說，這句話放在台灣，好像也是如此。其實口味的鹹與甜，都是相對而來的，同時也融合了當地的文化與物產。

三年前冬天，我與同事數人至瀋陽出差。某日中午，東道主招待我們到城外的一間農家菜餐廳用餐。雖說是「餐廳」，但不是典型的一棟建築，可坐好幾桌的餐館。這家餐廳，像座小村莊，舊式的茅草土牆屋舍沿山坡而立，一間間的平房小屋相隔約一百公尺。我們被分配到的那間小屋，屋簷掛著紅燈籠，門前有個陶製水甕，庭院還有鞦韆可嬉玩。在那裡一間草屋只招待一組客人。

走進屋裡，一入眼就是北方特有的炕，寬寬大大的，底下可燒炭增暖，炕上擺了個矮腳方桌。炕邊的窗戶是外推上掀式的，得用木棍撐住才能打開。四周牆邊也擺著木櫃，木櫃上嵌著花玻璃，顏色是紅綠與粉紅相配的俗麗，但不討人厭，反而有一種質樸的可愛。

正當我觀察著室內擺設時，陸續有幾位穿著棉襖家常服的婦女端來餐具與菜餚。沒多久，炕上矮桌上就擺滿了食物，青菜排骨豆腐花，還有一鍋熱氣騰騰的酸菜鍋。而這當中最讓我眼睛一亮，至今仍念念不忘的，是當地主食，玉米麵。雖說是「麵」，但不是我們常吃的麵條，而是將玉米磨成粉末，揉成麵糰發酵而成，模樣像饅頭，但吃起來比饅頭更香。黃色的玉米麵與綠色的長豇豆同放在黑色砂鍋裡烤，烤得邊緣微微焦，色澤明亮，襯出一鍋不羈的絢爛。記得那頓飯我吃了兩個玉米麵，這麵筋度高韌性足，就算不配其他菜，單吃著，也能嚼出不同凡響的滋味來。

除了玉米麵，還有另一項驚奇——飲料。不是酒水，不是可樂雪碧或紅茶，而是豆漿。用白底青紅花大瓷壺裝著，壺身敦敦實實粗枝大葉，帶著洋洋自得物阜民豐的喜氣感。席間主人指著那壺豆漿，驕傲地向我們一群南方客說：「這大豆，東北產的……」

之所以覺得這一餐特別，是所有菜餚皆不是中規中矩的餐廳大菜，而是農村家常，但不論擺盤或滋味，卻能生出一股獨有的北方硬氣，完全不像南方的餛飩小籠包，著眼於麵皮上要摺幾瓣花摺子……。

我覺得北方的鹹，指的大概就是這股硬氣，直喇喇的，不見纖柔與婉轉，口齒間也感覺不到甜味的中和，卻鹹出明湛爽利。而去過瀋陽之後我才明白，那位訪台的藝術家，對台南甜味的慨嘆。

坐在炕上吃飯，得蜷縮著腿。添湯夾菜都需挪動腿腳，一點也不舒服。但一屋子的人圍坐，直來直往熱熱鬧鬧的，不奢華也不虛飾，逕見性情。我突然想，不知道北方人過年，是不是也如這般？

上海梨膏糖與燕京啤酒

我不是一個很重視吃的人，但在我路過的地方，有兩樣名產讓我印象深刻，它們一南一北，各據一方。一個是上海梨膏糖，另一個則是北京的燕京啤酒。

先說梨膏糖吧。有段時間，我很愛看飲食散文，台灣的大陸的，囫圇吞棗海量的看。某日，看到一位南京作家寫了「上海梨膏糖」——這是店名，也是品名。除了寫這家店從咸豐五年的「朱品齋」小商鋪，演變到今天成為國營企業外，更詳細地寫了店家選梨之功，熬煮之巧，以及食療之效。特別是那食療之效，那可神了，吃了止咳化痰，簡直比鴉片藥水還有效。所以他只要到上海，一定上豫園城隍廟買幾盒回去，除了自己吃之外，也餽贈十方友朋。讓讀者覺得，你若到上海沒買它，那可真是白來了。

讀那篇文章時，說巧不巧，當天晚上在社群網站看見我表弟人就在上海，而且還住在豫園旁的大酒店。當下我傳了訊息給他，請他幫忙買一盒梨膏糖，還指定要清咸豐時期開的那家老店才行。

我這表弟人極好，向來我囑託他的事，從來沒拒絕過，幾天後果真就帶了一盒給我。他在買之前還慎重地在店門口拍了招牌，確定是我指定的商家才買，一點也不敷衍。

我拿到後，滿懷期待，興沖沖地拆了一塊四四方方的梨糖，兌了熱水，本打算讓它慢慢融化，不料這梨糖真硬，說不定水都涼了它還依然不動如「石」。我只好拿著湯匙使勁地攪拌。

也不知攪拌了多久，總算全化成水了。我頗為謹慎地輕抿一口，以為可以喝到玉液瓊漿香醪佳釀。怎知一小口，又一小口，再一小口，然後直接咕嚕嚕地豪飲而下。

哎呀，清清甜甜的，就糖水呀！

這大概就是所謂的現實與想像的落差吧！那位南京作家，想必對上海的梨膏糖有深刻的歷史情感連結，以至於寫起來分外地情深意重。而這梨糖確實是老派的食品，質質樸樸的，一點也不花俏，只是我資歷尚淺又嘴拙口鈍，實在嚐不出這梨糖的好。

後來我到上海數次，路過城隍廟前的繁華鬧街，對這沿街賣給觀光客的各種樣式，各種口味的梨膏糖，再無懸念。

至於我與燕京啤酒之間的情仇，說實話，當時恨不得將這段記憶剪成碎片，因為實在太丟人了。

有次去北京出差，最後一天工作結束，當地接待R說：「晚上到簋街吃夜宵，已經訂好位了。」他跟我說要去「簋街」，我傻呼呼地以為是「鬼街」，因為「簋」音同「鬼」，還問：「真有鬼呀？」R睜大眼，一副不可置信地搖了一下頭，那藏在表情底下沒說出來的話是：「妳到底有沒有文化？竟然不知道『簋街』？」然後認真地跟我解釋「簋」，是古代的食器，指的是放菜的盤子。而簋街，是聚集了許多餐廳的大街，是吃晚飯宵夜的地方。我為了不失本科中文系的面子，似懂非懂地打腫臉充胖子說：「喔，我知道那個字。」其實說得很心虛，擺明是虛胖。

因為是慶功宴，也是踐行，點了滿滿三桌菜。當地同事有人起鬨，說燕京啤酒是出名的好喝，到北京一定要喝的，於是又點了好幾打啤酒。那晚我剛好從連續十多天緊繃的工作狀態中鬆懈下來，面對著滿室舉箸共餐的歡愉與杯觥交錯的盡興，沒有掂量自己的能力，多喝了幾杯。

後來餐宴結束，與一行人互道珍重後，站在路邊看著整條篡街懸掛著鱗次櫛比的紅燈籠。那時節氣甫立冬，北京的風已是刺骨的寒。我吹著冷風，昏昏晃晃，知道自己醉了。那種醉，不是李白「對影成三人」詩意的醉，只覺五臟六腑無比難受。

同事開車送我回旅館的路上，雖是市區筆直大道，對我而言卻宛如蜿蜒山路。我強忍著胃裡翻騰的不適，閉緊嘴，因為知道一開口就會弄髒別人的車。那一刻我深深體會到什麼是意志力，覺得那半小時的車程彷彿天長地久。所幸醉意來得快，去得也快，到旅館後就消退了。

至於那聞名的燕京啤酒究竟好不好喝？對我來說，就是醉酒的滋味。那趟從北京回來之後，我不再碰酒類飲品，哪怕只是啤酒。

初到杭州

到一個新地方旅行，總是從旅館為起點開始認路。

旅館的左邊是岳王路，右邊是浣紗路。初見這路名覺得好貼切，也好有味道。大概只有這座城，配得起這樣古典的路名。剛抵達時，櫃檯人員問我要不要加買自助式早餐？他說：「餐廳在這棟樓的最頂層，往窗外望去可以看見整座西湖。」我聽著有些動心，能對著西湖吃早餐，多美的事！當然價格不菲，讓我猶豫了一下。

進房將行李放妥後，隨即出門閒晃，那時大概晚上八點多。旅館在近西湖的鬧街，沿路大大小小許多商家，有國際知名服飾品牌，有星巴克咖啡，也有杭菜餐廳。我晃著晃著，好奇地四處張望店招霓虹，腳步隨著人群，往湖濱走去。

湖濱不遠，走路不過十多分鐘。但這一區因有遊船碼頭，並無栽植荷花。湖面一片黑，偶有一兩艘小船幽幽地閃爍著燈光。往北邊望去，遠方湖邊有熠熠燈火。再往南望去，一片黑，暗甍甍黑黖黖，一絲人工光亮也無，若非陰雨天，說不定還可見浩瀚星月。

大致熟悉了方位，就回頭往剛才途經的地鐵站走去，下樓買一張可搭地鐵與公車的儲值卡。買完票券上樓時，在階梯中段通道，猛然地看見一名攤販販售著蓮蓬。我心大喜，停下來細看著他身旁兩大簍滿滿青翠的蓮蓬，竹簍前還放著幾盒藍莓。方才沿街市景，太現代，還讓我感受不到江南，但眼前這蓮蓬卻是十足的江南味啊！

賣蓮蓬的是位中年大叔。他竹籃子裡的蓮蓬綠盈盈的，數大而乾淨，我很想買，但怕自己不懂得吃，只好退求其次，買了旁邊的藍莓。藍莓一盒七元，原只打算買兩盒，大叔說：「三盒二十。都很新鮮。」我初來乍到，思忖還會待好幾天，應該可以吃得完，就拿了三盒。將錢遞給他後，問：「可不可以讓我拍一下蓮蓬。」大叔點頭，但不知是害羞還是怎樣，也不抬頭看我，嘴裡說著：「蓮蓬呀，尋常見的……」，一邊很客氣很靦腆地從竹簍邊讓開，讓我可以恣意地拍照。我拍完照，指著這一大落的蓮蓬對他說：「很漂亮。」大叔露出一口黃牙燦燦地笑開了。正想問他要怎麼吃，但過道裡人來人往的，一眨眼的功夫，他攤邊不知不覺地圍上了一群男人婦女小孩，他們看著那一大簇的蓮蓬興致高昂，嘩嘩啦啦地喧騰極了。我的小聲細氣，抵不過他們洪聲粗氣的大嗓門，只好默默地拿著藍莓離開。

我倒是一直惦記著那蓮蓬，覺得來到此地，總要嚐嚐滋味的。隔兩日，遇見一位熱心的杭州妹妹。我問她：「要怎麼吃蓮蓬？」

她一個步驟一個步驟教我，如何摳出蓮子，如何用指甲輕撥蓮子的外皮。

「蓮心苦嗎？」

「不苦的，沒什麼味道，只有老一點的才稍微苦些，但是都可以直接吃的。」

她還提醒著：「一個超過五塊錢就別買了。」

可惜，一直到離開杭州前，我沒再遇到那位賣蓮蓬的大叔。那幾天，我逛過幾處果攤才知道，他賣給我的藍莓既新鮮又便宜。心裡老想著，再見到他，要向他買蓮蓬。他賣的蓮蓬，肯定也是好的。

命中註定要遇見・片兒川

有天在杭州雷峰塔附近的小餐館吃飯，我點了一客番茄雞蛋澆飯，但發現周圍有好幾桌，甚至連我對面跟我併桌的男士，都點一道叫「片兒川」的麵。我有些好奇，想知道究竟是何方神聖，抬頭搜尋了牆上的照片，找到「片兒川」。嘖，看起來也沒多出色啊！不過就是一汪黑泱泱的湯麵，一點也不亮眼。當時默默地看完照片，並沒放在心上。坦白說，那賣相真的沒讓我很想吃，但因為名字獨特，所以記下了這三個字。

然而，卻在一次的誤打瞎撞，我吃到了這長相黑泱泱的片兒川。

後兩日在蘇堤邊的魏廬，才剛走出這座富貴人家的園林，就遭逢突如其來的一場暴雨，又連颳幾陣強風，就算撐傘也無濟於事。這雨將衣服鞋襪都淋濕了，身子沉如九月懷胎之婦，舉步維艱。我權衡再三，唯有回旅館更衣換鞋才是上策。就走往鄰近的站牌等候公車。

當時大約中午一點多，換完衣服後，外面還下著滂沱大雨。我不想撐傘出門吃飯，只好就近在同棟二樓的中餐廳覓食。

一個人到這種專辦宴席的大餐廳很難點餐。服務員推薦：「就點個片兒川吧！」我看了一下菜譜，一碗飽的麵也就只有這項。菜單上有張照片，跟前天在小餐館看到的一樣不討喜，但實在別無選擇，只好勉為其難地點它了。

點完後，坐在偌大的座位，一位年輕侍者來倒茶。這侍者倒完茶，右手放下茶杯，手肘不小心碰到桌邊一只插著黃金葛的玻璃水瓶（不明白為何瓶子要放那裡，看起來就很礙事）。水瓶瞬間倒下，發出「匡噹」一聲，一部分的水淹漫桌面，一部分則直接滴流到地上。他睜大眼一臉驚慌，倉皇無措，呆愣在那裡，我連忙將手上的紙巾放到桌邊堵住水流，沒多久，餐廳幾位服務員見狀接連跑來幫忙。

有一位女服務生心細眼尖，看見我衣服被水濺濕了，拿了好些餐巾紙給我，並跟我道歉。我想到更早時那身被雨淋得可擰出水來的濕衣裳，再看現在這景象，不過就幾滴水漬，就跟她說沒事。

沒多久，餐廳主管快步走到我桌邊頻道歉，大概很擔心我投訴，或是在網上寫負評，毫不遲疑地說：「妳今天吃的餐點，給妳打個八折吧。」

一陣忙亂後不久，我的麵來了。熱騰騰的，上面浮著一層油，掩住蒸蒸熱氣。我不知道「片兒川」指的是什麼？但碗裡倒是有三種「片」：豬肉片、蘑菇片、筍片，另外還有似乎是梅乾菜或雪菜之類的醃菜。

我從沒有吃過類似滋味的湯麵，雖然看起來非常不投緣，但味道富饒有韻，真好，好到讓人願意將整碗麵與湯吃得一口不剩。但它也讓我詞窮，說不出究竟如何好，如何有層次，如何讓人回味再三，正如我參不透它的名字一樣。

有時候，生命中某些「遇見」，不那麼循規蹈矩，甚至還有一種左右奔突的緊張感，卻迴也迴不了，避也避不得，彷彿命中註定要遇見。「片兒川」就是。

之後才知道，這是道著名的杭州麵食。

萍水相逢

從西安回台那天深夜，手機一則訊息跳出來：「今晚小屋好多人呀！如果姐姐能來，該有多好？」

是婉婉傳來的。

前幾日，我在西安的一家民謠小屋聽歌，她就坐在我右邊。我們原本各自端坐，有距離地客氣著，但因為她聽不懂某首歌詞中的閩南語發音，我們就聊了起來。

婉婉很年輕，山西人，長得小巧玲瓏，有大學生的書卷氣，本以為她還在讀書，她說已畢業兩年，如今在西安工作了。

那家店叫「大冰的小屋」，婉婉是大冰粉，喜孜孜地翻出手機裡大冰的照片。她說：「很帥吧？長得很有個性，會唱又會寫，這在他新書發表會時拍的……」說完不久又含情嫣然一笑：「這照片，我珍藏的。」

大冰是小屋的老闆，但並不在這店唱歌。在這裡，點一杯飲料，可以坐一整夜，聽一整夜。一個晚上有好幾位歌手輪流上台，唱的多是民謠氣息濃重的小眾歌曲，歌詞樸質有詩意，曲調有激昂，有低迴。我之所以動念前來，是看到有人在網路寫下，曾在小屋聽到一首歌：「願你既能朝九晚五，又能浪跡天涯……」。我對這歌詞的情懷著了迷，就被吸引到這裡。

舞台的後牆上，有小黑板提醒來客：「聽歌不說話」。我喜歡這幾個字，簡短淺白，卻藏著深層的語意：「尊重」。

我跟婉婉互加了微信，我們用手機傳了彼此的姓名。她看我用ㄅㄆㄇ時，指著我的螢幕：「這是什麼？」我跟她解釋，是台灣的拼音符號。她睜大眼，一臉仰慕：「好厲害！」那誇張的神情讓我覺得，會注音符號是件多麼值得驕傲的事。

三天後，也是我離開西安前一晚，我又去了小屋。到的時候，婉婉已經在裡面了，她到小屋時傳訊息給我，說幫我留一個位。那晚她一樣坐在我右邊，而在我坐定後不久，左邊來了個男生，硬是擠在我與另一位女孩中間小小的空位。他舉止流氣，也絲毫不理會牆上寫的「聽歌不說話」的提醒，高調地四處請人喝啤酒，並說自己是蒙古族的。但環顧四周，皆沒人理他。

台上的男歌手唱完歌，休息的空檔，那自稱蒙古族的男士立即點上煙，斟上酒，走上舞台打算應酬一番，卻見那歌手表情冷峻，一點也不留情面：「這裡不抽煙啊！馬上熄掉，要不然就出去⋯⋯」

那人碰了一鼻子灰，訕訕地熄掉煙，又回來坐在位置上。這小插曲，讓我覺得台上這歌手，話雖少且不大說笑，卻有底線有原則的讓人心生喜愛。

歌手重新拿起吉他，問大家有沒有想聽的歌，婉婉突然大聲地說：「〈南方姑娘〉！」又指著我說：「這位姐姐就是南方姑娘！她明天要回去了。」他看我們這桌一眼，笑問客從何處來，才輕撥弦音，緩緩唱起：

「北方的村莊住著一個南方的姑娘⋯⋯」

那嗓音沙啞而深沉，很動人。婉婉側身在我耳邊說：「這首歌，送妳的。」

我沒有在小屋聽到那首「既能朝九晚五，又能浪跡天涯」的歌，但我卻在這裡，遇見萍水相逢，卻猶仍真誠以待的人。

人間有情

第一次到西安的「大冰的小屋」，我大約是晚上七點多到的。那是一間聽民謠的酒吧，但我並不喜歡用「酒吧」稱呼它，因為它的形象並不同於我們以為的那種燈紅酒綠，妖冶妍麗。它文藝氣息很重，不是表象虛偽的裝飾，而是從底子裡透出來既細緻又粗獷的逍遙本貌。據說來客多是附近的大學生，這些年輕人來這裡也不是為了喝酒聚餐，聊天打鬧，就是點杯飲料，然後沉浸在現場的吉他與歌聲中。

我到的時候店裡聽眾還不多，年輕的工作人員領我到演唱台前的半圓桌，也是最靠近舞台的地方，並拿了飲料單問我要點什麼，我一邊放下袋子，一邊看著飲料單，大多是啤酒類，好像沒有茶，也沒有果汁。我因為不喝酒，就隨意點了杯美式咖啡。

那時台上已有人在唱歌，唱的都是我沒聽過的，曲風多樣，歌詞也都很有意思。也許是現場的氣氛融洽，覺得每首都好聽。

大約十分鐘後，我點的咖啡來了，但跟我想像的不一樣，我以為美式咖啡應該是黑咖啡，沒想到送來的竟然是三合一，但也無妨，醉翁之意不在酒，我來也不是要喝咖啡的。

不久後，我旁邊就坐滿了人，往後一看，更是座無虛席，然而讓我吃驚的是，滿堂聽眾，卻沒有人大聲說話，自律極了，而緊鄰我的是後來認識的婉婉。大約十點時，她提議要帶我到另一家店，說那家店比小屋再小一點，氣氛也蠻好的。我因為在這裡感覺自在舒適，並不想換地方，再說我隔日一早要出發去臨滄，不能太晚回旅館，便沒有接受她的邀請。但當時我想，或許哪日會動念一訪，於是請她將店名寫在我隨身攜帶的本子上。

婉婉是大冰的書迷，因為她的推薦，我回台灣後開始讀大冰的書，其中有篇文章寫到，大概十多年前，雲南麗江的小屋出現一對夫妻，男的叫大樹，女的叫兜兜，他們在麗江住了好些時間，天天到小屋聽歌。當時兜兜已知自己罹病，那趟旅程也是她生前最後的心願。

後來兜兜過世，大樹回到妻子的家鄉——西安，開了一間他們夢想中的「小屋」，因為兜兜曾說，她喜歡麗江的大冰小屋。大樹開在西安的酒吧，店名叫「那是麗江」。大冰說，他若到西安也會去那裡坐坐，聽人唱歌。

讀了這個故事之後，才想起婉婉那晚跟我提的另一家店，為了核實，我找出那天她寫在我筆記本上的店名，兩相對照，果然是同一家。當時，有點後悔那晚沒有跟著去「那是麗江」。

後來再想想，我真的後悔沒有去嗎？就算去了，卻因為不知道這家店的背景來歷，懵懵懂懂地到那裡，大概只會將它視為另一間小屋。

很多時候，在事件發生的當下，並不知道自己擁有什麼，或是錯過什麼。以為錯過了，也許並沒有，只是時機未到，還沒有遇見罷了。

從大冰的書中，知道他是佛教徒，十多年來在每年的臘月初八，分散於不同城市的「小屋」，都會煮一鍋粥，在店門口分送給往來的人們，並在大鍋旁的黑板上寫著：「靈山誠為徑，苦海善作舟，路過皆菩薩，吃我一碗粥。」傳遞佛陀的心念。

而最讓我感動的是，在每年除夕傍晚，店裡的歌手們都會動手備料包餃子。我透過網路看到他們包的餃子，各個有模有樣，各個豐盛飽滿，在在象徵著對新年的祝福。待餃子等食物備妥之後，打開大門，不是為了做生意，而是迎接因種種原因無法回家的遊子。那晚孤獨的人從四面八方來，只要踏進這扇門，不論男女不論老少，皆親朋皆手足。就算生活有再大的困境，也要歡歡喜喜，開開心心地吃頓熱騰騰的年夜飯。這樣的場景，這樣的夜晚，覺得他們締造了一個現代桃花源。

最初去小屋，本只是想聽民謠，後來才知道這間小屋情懷悠長，一點也不「小」。以前我不大明白什麼是「廣結善緣」，如今我想，這就是廣結善緣吧。盡己所能，讓世間多點藍天，多點光彩。

若再到西安，我還是會去「小屋」點一杯咖啡，坐下來聽一夜的歌。至於「那是麗江」也是要去的，是為了大樹對兜兜的深情去的。

不東

最初看到「不東」兩個字，是在奈良藥師寺，寺裡有一座三藏院，保存著高僧玄奘的部分遺骨，存放遺骨的玄奘塔，匾額就寫著這兩個字。我那時才知道，玄奘當年矢志西行，未達目的誓不東歸的故事。

三年之後，我往西去，到了西安大雁塔。大雁塔，是玄奘回到唐土後，主持建造，用來保存佛圖舍利的地方，也是慈恩寺的佛塔。

那日早晨，我在慈恩寺剛開門時就入寺。寺院深廣安靜，佛塔在大雄寶殿的後方。日陽將出未出，還藏在雲層後，我沿著通道，走過鐘樓鼓樓，再一路走上石階。

石階上是供佛的主殿，殿前有兩株大樹分立左右，枝幹粗壯，樹葉茂密。庭間香煙裊裊，人跡稀疏，一片廓爾寂然。我在樹下待著，只覺安恬靜逸，不急著往前走。一陣風吹，一陣樹響，一陣鳥鳴恰恰飛過。我悠悠地看天看地，看光陰細碎荏苒。

然後，我看見了他。

一個中等身材的男子，穿著體面，舉止端莊。拖了個深藍色的硬殼行李箱，箱子的滾輪在石磚地面喀啦作響。大概是因為聲音，讓我注意到他。他立在佛前合掌頷首，又拉著行李箱離開。正當他要下階梯時，突然停住腳步，猶疑了幾秒。回身顧盼，找尋什麼似的，而後，又拉著行李箱，筆直地走到佛殿旁的小鋪，買了線香與蠟燭，鄭重地點上火，心無旁騖，虔誠默禱供於佛前。又跪下朝佛祖磕頭數次，才放心地離開。

我感覺到他的心緒不寧躊躇反覆，心想，他與我此行的目的不同。我只是一個踏莎行聽風聲，坐幽谷看雲靄的閒散旅人，但他應該是專程來拜佛的，或者說是「有所求」。他的祝禱，絕不是太平之時祝願國泰民安的泛泛之言，而是心有牽掛，希冀逢凶化吉的切切之語。

我不知道我為什麼揮霍時間似的待在這裡，但此刻，我彷彿只是為了等著那男子，然後看見他內心的喧囂紛雜。

他的不安讓我湧起了一陣悲憫。人間變幻無常，總不乏有進退兩難之事。悲喜忽然，得與失也忽然，因此時時需要夯實心裡的某些騷動。當內心回歸平靜，辨別了輕重，就會有取捨，有抉擇，如此干擾才會消失，混濁才會沉澱。

我望著他離去的背影，看著佛前燭火爍爍，願他心中也燃起一盞潔淨的光。

當年的玄奘是否能料到，這座他曾主持的慈恩寺，歷經千年的浮光遞嬗，在二十一世紀的今日，依然是銜接眾生心靈的楔子。

那男子離去後，我也離開了佛殿。我爬上了大雁塔，在塔上眺望這城市經緯縱橫的筆直大道。又繞到南面廣場，看那一尊象徵著唐代佛教文化的玄奘雕像。

那雕像身形清凜剛毅，衣袖犖犖分明。玄奘左手執佛珠，右手握錫杖，慈恩寺在他身後，大雁塔在他身後，無盡的歲月在他身後，就連我們也在他身後。一步一履，走在他踏實有序，沉穩堅定的腳步上。

「不東」，是玄奘的心念。卻也因為他的一心執念，讓逝川流水不絕，讓人的雙眼，在迷霧之時，猶能找到明亮光潔。

長安・常安

長安，是一個地名。盼的是長治久安，政權永固。

常安，是一種祝願。平凡無華，卻說盡漫山遍野的心地柔軟。

初識「長安」二字，覺得這地名很美。那種美，很樸素，卻能在蒼茫古道上兀自發光，有著人與人之間，最純真的期盼。在我心底，「長安」也是「常安」。

長安城外的山郊，種有無數棵碩大的柿子樹。冬天葉子落盡，但凌霄的樹梢還懸著紅澄澄的柿子，遠遠望去，像穹蒼的墜飾。據說，在樹上留下幾顆柿子，有「木守」的意味，是對樹木的祝福與守護。

我路過那片柿子林，看見幾位村民在樹下，以麻袋墊底直接地氣地擺了白果、柿子、青菜與花椒販售，還有一種我從未見過的不知名水果。賣果蔬的都是年逾七旬的老人，安守著自己的日子。我蹲下來，好奇地指著一種長得不起眼，枯瘦嶙峋如迷你薑的果實。老人告訴我那水果名字，又用粗糙黑黝的手摘掉贅枝，截了一段請我吃。我覺得滿好，買了一把。但他口音重，重複數次，我還是沒聽懂他說的名。回旅館後，問了櫃檯的女孩。一個說不識，另一個說：「這只有山裡才有的，叫拐棗。」

知道是山裡才有的，我突然感覺此物莫名的珍貴，彷彿含藏著天地的靈氣。

郊外時光悠長緩慢，光陰天真直野，太陽將我的影子壓得很低很低，風從山的那端穿過樹林慢慢地走過來。天地一片靜，寂寥悠遠，突然想寫信告訴你，這種久違的安詳。我坐在金碎的銀杏樹旁，拿著紙筆，思緒輾轉千迴，寫了又改，改了又刪。忽覺華辭麗藻不過曇花一現，寫什麼都言不及義，都不如此地的墟里炊煙，將日子過得縈縈久長。

山邊的小村莊，一個老婦坐在院前剝豆子，豆殼上的汁液染了她一手綠。還有一個小女孩，從我面前跑過去，她的項頸繫著紅繩，繩上有一枚烙著乾坤八卦的古銅幣，隨著她的腳步輕揚擺盪。那綠與紅，無視旁人的燦燦明麗，多麼奢侈，又多麼樸質，一點也不需要修飾。這是我見到的長安日景，也是常安日景。

「長安」這兩字，清楚明白，卻又蘊藏著說不滿、訴不盡的祝福，耐人尋味的，彷彿收斂了很多事。它磨平了生活上的稜角，也篩去了物質欲望與顛躓人情。這兩字，沒有匠氣，卻有著讓人感到溫暖的謙遜。就好像聽見好聽的音樂，會讓人反覆聆聽，看見一個悅目的人，會讓人頻頻回顧，如此淡逸而深情。

我知道世間有些紛爭會消逝，有些記憶會遺忘，有些人會漸行漸遠，甚至痛徹心扉的傷口也會褪成幽邃殘影。所有的因緣，總是不斷地聚合著，也碎裂著。

給你的信終究沒能寫成，但從山中回來的那日夜晚，我夢見了你。醒來無限歡喜，又無限惆悵。

數日後，我離開此城。在去機場途中，寄出一張明信片。那是在城外的一家小書店買的，繪是安康熱鬧的農家閒情，色彩鮮麗飽和，尋常且耐看。

我沒有綿長的細瑣要說，流年迢遙，只願你長安。

臨潼石榴

那是在臨潼兵馬俑博物館外的進城公車上。是起站，車還未開，司機在走道上與大夥閒聊，說停車場旁有好幾攤的石榴賣得很便宜。我左後方一個女孩聽著，動了心取了錢包下車，下車前再三跟司機確認攤販的方位。沒多久，就看見她提了一袋沉沉的石榴上車。

她的男友看了，微嗔：「怎麼買這麼多？」女孩說：「很便宜呀！一個一塊錢。」

我轉頭，眼裡有笑地看了他倆一眼。那男孩迎著我的目光，客氣的跟我點了頭。

我想了幾秒，開口說：「可以賣一個給我嗎？」

女孩說好，大方地從塑膠袋裡拿一個給我。那石榴比我的拳頭略大，外皮是淡淡的黃。我遞了錢給她，接過石榴放進背包。

不久，車開了。我看著窗外風景，沿路想，他們沒有義務賣我啊！我怎能白白領受別人好處？

後來我們在同一站下車，都是要轉乘地鐵。下車時，我在後面叫了那女孩，四周轟隆隆的車聲，她沒聽見，我只好大步向前，拉了一下她的衣袖，請她等一等，然後拿出我僅剩的一個，放在隨身袋子裡的營養棒，說：「送給妳，這是我從台灣帶來的。謝謝妳願意讓出一個石榴給我。」

正當我拉著她的衣袖時，忽而想起，同日早上也有個人這樣拉著我的衣袖。

那時天色尚早，街上都是匆促趕著上班的人群。我出了地鐵站，一時分不清四方。只知道這附近有個公車站，那裡有往臨潼的車，但左看右看總也不見站牌。我在人行道上，正不知如何是好，有個穿著工人服五十多歲的男士對著我走來。他皮膚黝黑，穿著與神情都有著濃重的鄉土味。我攔下他請教：「這裡公交站在哪，我要搭306路？」

他重複「306」，然後手指向某方位，說：「那邊。」我踮起腳引領而望，還是沒看見站牌。他突然伸手拉著我的衣袖，讓我往他身邊站，我對他的舉動錯愕了一下，也機警了起來。他彷彿察覺到我的不安，好聲地說：「妳得站到我這裡才看得見。」聽他這樣解釋，才知自己是小人之心。他說：「妳看，那裡很多人排隊的地方就是公交站。」

我再次往他指的方向，果然輕易地就看到黑鴉鴉正在等車的人潮。

我向他道謝，他不以為意，揮揮手就急步離去了，大概也是趕著上班。那時我看著他的背影，心裡為方才對他的不信任生起一陣歉疚。

也因此，當我拉著那女孩的衣袖，腦裡閃過的是早上的畫面。

女孩聽說我是台灣人，跟她男朋友對看一眼，滿臉笑的跟我說：「我們從泉州來。這幾天有假，來西安玩的。」

泉州啊！那麼我們說的是一樣的方言。我們邊走邊聊，聊的多是來西安幾天，去了哪裡的平淡之言，一直到地鐵月台才說再見。

我很享受在旅行時與陌生人的交談。交會之前沒有期待，告別之時沒有悲傷，貪嗔痴皆虛妄，反而有一種客觀的疏淡。

那男士的指路，那女孩的石榴，也讓我領悟到，莫測的世途，猶有人間的恆溫。此事無關國籍種族，無關文化性別。

對了，我還是要說那石榴的滋味。清靈靈的甜，帶著細微的酸，有著不膩人的明利爽快，那是我吃過最好吃的石榴。後來才知道，臨潼出產的石榴是遠近馳名的。

旅店夜話

在我的書桌上，有一張西安薦福寺的手繪明信片，前景有雨，有綠樹，有大雄寶殿的紅門與木窗櫺，後景是一座佛塔屹立。我很喜歡這張圖片，色澤明麗清新，頗能洗心滌神。

我看著這張明信片，想起一個人，不熟，我甚至連他的本名都不識，就是旅途中的偶然遇見，互相說幾句話，然後告別。

二〇一九年十二月我在西安的最後一晚，坐在青年旅館一樓的公眾區域寫明信片。那時出入的人多，要出去遊城的、拖著行李要入住的……，鄰電梯處還有個撞球檯，兩三人在那兒打檯球。整個一樓籠罩著人聲與木棍擊球的聲響。

這時一位年近三十，有點文氣的男士，拿著一本書坐到我對面的空位上。木桌很大，可以坐六人的那種，所以當他坐下，我並不介意。也許他跟我一樣，想避開比較喧雜的櫃檯與撞球區。

我好奇他拿的是什麼書，看了一眼，匆促間沒看清書名，只見秋香色的封皮，但這一眼卻被他撞見。我尷尬地對他笑了一下，又低頭繼續寫我的明信片。

寫完後，貼好郵票，還不想上樓，就留在原位滑手機，對面那位男士突然問：「妳是香港人還是台灣人？」我愣了一下沒回應，他又解釋，並用手指了明信片：「我看妳用的是繁體字。」

他叫姜黃，不是本名，是網路上的名字。我問他是不是特愛吃咖哩？他爽朗地哈哈笑了幾聲，說好多人都這樣問他。

他說原本當天就該退房，但太喜歡這城市，又多留了幾天。當我聽他說「多留幾天」時，很羨慕這種可以恣意而為的自由。

他從山西來，剛離開一個工作崗位，趁著待業的空檔在西安、寶雞、眉縣三地繞了幾天，但最想去的地方是西藏。他說起西藏時，無比憧憬。在他所描述的藏地中，有一件事讓我印象深刻，至今難忘。他說：曾在書上看到一個記載，提到文化大革命之後，一位學者奉命到拉薩統計文革期間被毀壞的寺廟，以及還有多少寺廟可以重新開放。這位學者到大昭寺時，看見一面牆，牆面是陳舊的灰白色，然而在與人額頭齊高的地方，卻異常光亮平滑。這學者初見此景時，內心澎湃不已，因為在那個當下，他明白這是當地人民在無法親近諸佛菩薩的年代，只能於寺廟外牆以額頭頂禮所留下的痕跡。

姜黃說完這事時，加了一句：「我好想去看看那面牆。」然而我們都明白，文革之後，佛寺已整修過，那痕跡想必也被抹掉了。

但總有些東西，是人無法抹掉的。

那日白天，我去了覺化巷的清真寺，這座清真寺建於唐玄宗年間，但現存建築已不是盛唐舊跡，而是明清風格。我看著眼前的景物，想像著盛唐。如果說建築只是棲身之物，那麼蘊涵在時空中的文化精神應該更高於物質。所有物質都會毀壞，但卻也在流轉的歲月間，與人一點一滴地產生連結，並蓄積能量，成為一道絢麗的虹。這道虹，是精神與物質的聚合，其中象徵意涵大過現實意義，就像大昭寺的那面牆，它不僅僅是一面牆，它還含藏著一千三百年來一代又一代人們堅定的信仰。

他聽完我說的話，問：「妳想看唐代建築？」我說：「是。」

姜黃說：「我山西老家附近的一座山上，有間佛寺，據梁思成與林徽因夫婦的考證，判定這寺廟不論是斗拱梁柱，還是佛像壁畫，都是李唐時期遺留下來的。也許是在深山，歷經千年倒也沒受什麼戰火損壞，依舊巍峨。那廟前有一株白果樹，葳蕤得不知年歲，我在那裡揀過白果。」

我問了那寺名，他回：「五台山佛光寺。網上查查總有的，就是交通不方便。」

我在筆記本記下這地名，心想：也許有一天我會去。當我闔上筆記本時，他指著我面前的明信片，問在哪裡買的，很漂亮。我看了那張卡片，那是雨中的薦福寺，用彩筆畫的。綠樹澄瀅，紅門昳麗，整個畫面安靜得彷彿只聽見細碎的雨聲。

你喜歡？那送你。這圖案我買了好幾張，算是答謝你告訴我這麼多故事。

他收下，也稱謝。我趁機問他看的是什麼書，他遞給我：「寫陝西方言的。」我隨意翻了幾頁，邊翻邊唸幾個詞：「麼肆麼肆」是「沒有關係」；「放開耍」是「好好玩」……。我一邊學，一邊笑，覺得這書真有趣。

道別前，我們互加了微信，說好將來若有機會到山西或台灣時要聯繫一下。允諾的時候，我們還不知道，短短的兩個月後，整個世界就陷入新冠病毒的惶恐之中。

終南山啊

來此之前，我以為每座山都一樣，其實不一樣的。

曾在秋冬之交，到西安城外的一座佛寺，這寺廟在終南山麓。說到「終南山」，這名字太常見了。在唐朝，不知有多少詩人拿它作詩，又不知有多少讀書人進長安城當官前，先隱居在此培養名聲，以致當時有「終南捷徑」之稱。但這只是書本上的知識，與我並不大有關係。

那日走在山間泥石小徑，有風呼呼吹來，吹得滿山黃葉翻飛，飄落在林道石徑上，層層疊疊。落葉給人的感覺應是蕭索寂寥，但那瞬間，我卻有被旋繞之感，有一種走入山林的豐足。

有人說：在秋天的山裡，你拍什麼都只有兩種顏色，那就是褐與黃。褐的是樹枝，黃的是落葉。

但在終南山，除了褐與黃，還有懸在高枝上的紅彤彤柿子。陝西的山，有一種不修邊幅的豪曠。遠處是望不到盡頭的群山綿延，近處是殘葉未落盡的銀杏樹，以及高掛著果實的柿子樹。這些樹不知在這裡多少年了，平和地用柔弱的身段擁抱歲月的洪荒，彷彿知道凋落萎謝並不能抹滅生存的意義。

寺廟裡沒有香客，前庭一個和尚在掃地。我走進殿堂，佇立默禱，此時天地一片靜，只有僧人執帚的唰唰聲。簡素靜寧的佛寺，常常會給我遺世獨立的感覺，恍若處在一個無窮盡的時空中，覺得現下縈懷的許多事物，如生與死、苦與樂，都是旁枝。在漫天飛葉中，無憂也無喜，只看見內心的塵思隨風而去。

終南山腳下有一個小小的市集，僅短短的一兩百公尺長。沿街販售白果核桃，柿子拐棗，還有幾家食肆，其實都是沒有店面的路邊攤。下山後，我在那裡的一間小店吃了午餐。那店家由一對夫妻經營，丈夫身材高壯不苟言笑，帶著冷肅的江湖氣，那妻子長得卻是秀氣，年紀可能還小我幾歲，有一張白皙乾淨的臉。我是先見到她，才決定走進這家店的。她一身常民的花布衫，繫著圍裙，笑容明麗而真誠。看我在菜單前躊躇許久，猜測我從外地來，跟我介紹餐車上的特色小吃，說這是蔥餅、這是夾饃、這是泡饃、這是羊湯粉⋯⋯，聲音輕輕柔柔很好聽，沒有要我多點的意思，只希望我吃飽。我點了肉夾饃與一種我說不出名稱的湯，吃到一半時，她端了一杯水到我面前。雖然只是一杯水，但我知道這是她的好意，一般小店沒有這種服務的。

她問我從哪裡來，我說台灣。她不知道台灣在哪裡，說從沒有離開過陝西，甚至連大西安地區都沒離開過。

她說話的時候帶著令人喜愛的含蓄笑容。她說很喜歡這終南山腳，雖然城裡熱鬧，錢攢的也多，但每次一進城，就想趕快回來。還是覺得這裡好，車少人少不擁擠，日子可以過得隨心。

她問我是來看銀杏的吧？我說是。她說，上星期下了場雨，都謝了。

她站著與我閒聊，聊得清淺而有禮，分寸拿捏得剛剛好。她的丈夫則默默地在一旁守著攤子。

結帳時，她有點擔心我點太多，因為北方餐點的份量都頗大，問我是否吃得太飽？我說剛剛好，同時心誠地讚美湯與饃都好吃。我說她很漂亮，請她讓我拍張相片。她應允。那照片裡的她，微微地笑著。

她說，我是她遇到的第一個台灣人。

她不僅僅是外表漂亮，心地也漂亮，人們都說「相由心生」，這是真的。她的美，不在五官，而在於面目平和。

我不禁想，一個長年生活在鄉村的女人，如何保有這樣慧秀的秉質？

每一個人的內在都是被兩種矛盾的力量支配，就像理性與感性。理性可以讓人面目潔淨，感性可以使人心地柔軟。彼與此都必須相互節制與自持，如此才能平衡，才會和諧。而她的美，就在於和諧，自我的和諧，當然還有個體與環境的和諧。知曉天地不仁，上天不會寬待誰，也不會刻薄誰，因此人處於世間，不需自大，也不需自卑。

她讓我在看過山的美之後，再看到人的美。她讓我明白，一個人就算不用到遠方，也能靜守著現下的安然。

如今離開終南山已將近兩年，我不只一次地想起，那山間黃葉翻飛的景致，還有山腳下那個平和且美麗的女人。

最美麗的燈火

數日前的一個早上，有個聲音在腦海裡響起，熟悉的，不久前聽過的，敦實渾厚的男聲，他說：「不著急啊！」

這聲音太鮮明，但說這句話的人與背景我忘記了。我試圖回想，卻一無所獲。一直到隔日下午，頓時想起，是咸陽機場往西安市區的巴士司機。

他說這句話時，我正要將旅行箱放進汽車的大型行李處，他在車外驗票，大概看我一手拿票與證件，一手拉行李，又背著背包，模樣很是狼狽。我那時的心緒確實也緊張，出海關，領行李，一路追著時間，同時也提醒自己在機場必須完成幾件事：找到代售票口，領已預訂的高鐵票，再到汽車櫃台買當日進城的巴士票。買了票又擔心車開走……總之，一念未平，一念又起，急急忙忙的，將焦慮全寫在臉上。

他一邊說：「不著急啊」，一邊幫我抬起行李。那語調，溫溫徐徐的，好像在跟小孩說話，緩和了我初到異地緊繃的情緒。我知道，他沒有義務說這句話，也沒有義務幫我提行李。我已習慣大城市的冷漠，總覺得不給人添麻煩才是王道。素昧平生，無故蒙受別人的好意，反而有些不好意思。

我真摯地向他說了聲謝，上車坐定，安心地讓這輛車，這位司機載我走進絢爛繁華的西安城。

無獨有偶，那之後三日，我從西安城郊的小徑走出，在T字路口左右張望，找尋站牌在哪裡時，乍見一輛公車遠遠駛來，那公車正在減速，我順著車子的行進方向看去，發現站牌在離我較遠的地方。我衡量著車速與距離，猜想可能趕不上。惶惶然，在路口不知所措地抬起頭，正巧與那車裡的司機對望了一眼。車子從我面前經過，又繼續往前開，我再次確認是我要搭的車，立即拔腿追著跑，同時眼睜睜地看著它停在離我還有十公尺遠的站牌處，開門，沒人上下車，關門，又開走。

西安的公車因為車上沒有下車鈴，所以每站都會停。這一帶是郊區，馬路空曠，公車路線很少，錯過一班，下一班不知還要等多久。我跑呀跑，十公尺遠跑得像百米長，眼看車又啟動往前開，我心一沉：「死心吧！車走了。」然而正當我感到絕望時，卻看見那車子開了三秒，又停下來，並且打開了車門。

啊！是司機停下來等我呀！我心裡霎時又燃起希望，繼續奮力向前跑去。上車時還喘著氣，刷了交通卡，大聲地跟司機說謝謝。當時我激動得眼淚都快掉下來了。他一定是從後視鏡看見我追著車，他知道我要搭這班車。他完全可以不用等我，他往前開了三秒，那三秒，他的心裡是怎樣的起伏？是哪一個瞬間，讓他決定停下車來？

當我看見車子又停下的那一刻，心裡百轉千迴，彷彿又聽到前幾日的那句：「不著急啊！」

我喜歡西安這座城市，不僅僅因為這裡璀璨的漢唐文化，還有一大原因，是我在這裡遇到的人都好。那種好，不是疏離的客氣禮貌，而是他們總在我最需要幫助的時候，不等我開口，就伸手拉我一把。這不就是生而為人最珍貴的本心？沒有雜質，不期待對方反饋的良善。

如今回想，我已不記得他們的面容五官，甚至高矮胖瘦都無跡可循，但我卻記得，他們幫助我時，我心裡熒熒閃爍的光亮。那是人間最美麗的燈火。

說書人

本以為他只是一個載我去車站的司機，怎知竟是個能言善道的說書人。

從西安去洛陽的前一天，請旅館執事幫我預約隔日清晨到高鐵站的出租車。翌日，司機準時到旅館接我。這位司機的年紀與我相當，身材高高壯壯的，有一股行走江湖的霸氣，但不壞，似乎也不多話。剛上車時，他確認我的目的地，之後就默默地開著車。

我看著窗外，那時清晨五點多，天色一如黑夜。馬路安靜空曠，整座城市還在沉睡。我問他：「從這兒到高鐵站要多久時間？」

他說：「五十分鐘吧。」

我思忖，五十分啊！那得好好找話跟他聊天了，要不這樣一路沉默彆尷尬的。

這位先生還真是深藏不露，早先以為他是個木訥的人，怎知話匣子一開，哪還用我找話題？他巴拉巴拉，說了一路。我只是偶爾回了：「喔」、「是啊」、「真驚訝」這些可有可無，刷一下存在感，免得被誤會睡著的簡短語。

他讓我見識到西安人睥睨風雲的驕傲。他說：「這西安城，在世界史上是足以跟希臘羅馬相提並論的古城。什麼北京啊杭州啊，那都是很後來的事。」

他順著這個話題說歷史，語句不絕，如江水滔滔綿延壯闊，自西周、漢朝，一路說到大唐……「妳知道嗎？從剛才妳上車的北大街，到現在所有經過的地方，全都是唐代長安城的範圍，這範圍可大了。以前里坊，一區一區，一百零八坊，那可是個國際大都市……」

他說的里坊，我有概念。我來西安前剛看完電視劇《長安十二時辰》，對那井然不紊的里坊制度印象深刻。

他停頓了一下，又接著說：「幾個月前市區有一個建案，打地基時挖到一座古墓，挖到就得停工，後來專家鑑定，竟然是漢朝的，這工程肯定是做不下去了。」

我聽完後，總算有機會回了一句完整的話：「聽說你們隨便在路邊踢到一個石頭，都有可能是千年古物，像那個『皇后之璽』……」

「皇后之璽」出土於一九六八年。某日，一個十多歲的男學生，在放學回家的路上，看到泥地裡露出一個閃著白色光芒的石頭，他走過去，徒手挖了出來。回家後，發現那石頭是以前人的章，本想將上面的字磨掉，改刻成自己的名字，無奈石子太硬，琢磨不得，只好請他父親協助。他父親讀過書，也有點文化敏銳度，取來一瞧，覺得蹊蹺，就送到陝西博物館請專家看看。怎知，這一看，竟看出一枚後來陝博的鎮館之寶。經推測，這枚章可能是劉邦之妻呂后的印璽。

他笑了一下說：「西安很多地方都會挖到一些墓葬品，像俑啊陶器啊什麼的，但有時因為沒價值，就不被外人知道……這城市底下躺的人比上面的還多。」

他話鋒一轉，回到現代，從西安平日嚴重的塞車，說到新疆有一座八卦城，整個城市的街道就是按照八卦的形狀開闢。路路相連，街街相通，完全不會塞車，甚至一個紅綠燈都沒有。

我無法想像什麼是「八卦路」，於是問他：「像圓環呀？」一說出口又想到西安鐘樓就有類似圓環的馬路，覺得自己問了蠢問題。果然，他說不是，比圓環複雜太多了，就是一個「八卦」。

他又說現代西安是一個航空軍事重鎮，當地人都知道有一個神祕的基地在這裡，但詭異的是，就連他們土生土長的西安人都不知道確切地點，很祕密的……

總之他一路話語不歇，不僅縱貫古今，還幅員千里，讓我從不同角度環視這座城市。

我聽得太入迷，倏忽間就到了高鐵站。到高鐵站前，他問我要去的地方，並確定已有車票後，說：「那我把車子開到往洛陽的剪票口，妳下車直接進去就行了。」

我原本不了解他這句話的意思，後來知道西安高鐵站非常大，他說的「洛陽剪票口」，相當於機場的登機門。當時我下車後，正如他所說，完全不用繞路，過了安檢就直抵票口，才明白他的用心。

那時，天猶未亮，候車室的人僅三兩零星。我坐在寬敞的座位寫筆記時，一陣欣喜湧上，覺得自己很幸運，一早就遇見他，還給我上了一堂西安文化史的課。

交錯的古今

我在西安城遇見的人，聽到的事，甚至一草一木，一風一俗，也許對這座城市而言，都是波瀾不驚的日常，但當我回想這些零碎的，不期而遇的經歷時，所有的人事物景就像灑落在筆尖的光陰，古古今今，掩掩映映，莫不讓人心生歡喜。

剛到西安時，到城牆邊的小酒館聽人唱歌，身邊坐著一個女孩，吃著饃，她開朗且有禮，總是適時地跟我聊天。她知道我從遠地來，關心地問：「妳在西安住哪裡？」我說：「北大路。」這時隱隱地聽見女孩低聲：「北大街。」

女孩又問：「妳等一下怎麼回去？搭地鐵？」我說：「這裡有公交到北大路，很近的。」女孩又低聲：「北大街。」

她每次說「北大街」時，都抿著笑，也不知她說了多少次，我才回過神，於是問她：「是北大『街』啊？」

女孩這才坦率地笑了起來，說：「是啊，是北大街。」可見她之前多想糾正我，但又礙於禮貌沒有明言。

當時我納悶，這麼寬闊的大馬路，怎麼能叫做「街」呢？也不知哪來的成見，總覺得「街」比「路」小。她說，在唐代，貫穿南北的大路叫「街」，東西的叫「道」，不過後來都叫「街」了。

那一刻，我才知道西安城的這個規矩。

還有一天，我走過鐘樓地鐵站，地鐵站閘口外圍是一個圓弧形走道，而且有很多出口。那一站是城中的繁華地，人潮熙攘絡繹。我走著走著，突然有個婦人小跑步地與我擦身而過，又在離我不遠處立定，轉頭朝我這個方向大喊：「我要去開元。」

乍聽時我一愣，心想，要穿越啊？難不成這裡是進入另一個時空的結界？我呆立片刻，環視這不大明亮的空間，但除了我之外，周圍的行人並沒有被她那句「我要去開元」驚懾到，大家如常，聊天的聊天，走路的走路。那瞬間，我有一種說不出來，非常奇詭的感覺。

在我的認知，「開元」是唐玄宗的年號，唐朝有一段錦麗繁榮的開元盛世，也因此聽見「我要去開元」這幾個字，在我的腦裡自動轉譯為：「我要去唐朝開元年間。」

這樣想來實在太魔幻了，如果這裡真的是結界，那我不去開元，我要去唐太宗的貞觀年間。但想當然耳，我沒有穿越，那婦人也沒有穿越。後來才知道，鐘樓附近有一座商場，叫做「開元」。那短暫的誤會，反而給了我一段古今交錯，瑰麗的想像。

離開西安那天早上，我在大慈恩寺前的玄奘銅像旁拍照，有一對六十多歲的夫婦站在銅像前。

婦人凝視著銅像，說：「這就是唐三藏啊？」男人簡短地回答：「是。」

婦人又問：「唐三藏從這裡出發到西天取經啊？」男人又回：「對。」

婦人仔細看著銅像前的碑文，說：「但是這裡說是從長安城出發啊？」男人說：「這裡就是長安。」

婦人嘖了一聲，不容他人反駁地回：「胡說，這裡是西安。」

我忍住笑，鎮定地假裝很專心地拍照。今日西安，舊時長安，我在這裡多天，今古之間的曖昧，也常讓人分辨不清。我想，一旁的玄奘若聽到，應該也會莞爾吧？而在玄奘銅像的背後，就是大慈恩寺與大雁塔。

說到大慈恩寺，想起以唐玄宗時期為背景的小說《長安十二時辰》，主角張小敬對姚汝能說的一段話，他說：

> 汝能啊，你曾在穀雨前後登上大雁塔頂嗎？那裡有一個看塔的小沙彌，你給他半吊錢，就能偷偷攀到塔頂，看盡長安的牡丹。小沙彌攢下的錢從不亂用，總是偷偷地買來河魚，去餵慈恩寺邊的小貓。

這一段描寫，我認為是書中最美的部分。我無法親歷唐代長安，但小說裡那個小和尚，卻給了我具體的唐僧形象。他那麼單純與善良，那麼慈悲與溫和，他有光，卻不知道自己閃爍著光。

這種種情景，不論真實或臆測，全在我腦裡鮮活起來：熱鬧的朱雀大街，昌盛的開元之治，店裡吃饃的百姓，順著大街往南走的慈恩寺大雁塔，塔裡的小和尚，還有寺旁的那隻小貓……

所有的一切，處處可見城市歷史與生活融合的紋理，哪怕皇城故主已隨風而逝，哪怕舊時宮殿已雉堞圮毀，但因為有豐厚的文化支撐，讓它依舊體面，依舊斑斕。

香港・奶茶無敵

臉書上有位香港醫生，姓李。只要他人在香港，沒出遊，每日下午大約三點都會貼出一張奶茶的照片。昨天在那家，今日在這家，日日接連不輟。去的都是街坊小店。他嗜飲奶茶，曾說醫院裡的同仁戲稱他為「奶茶醫生」。

我也愛喝香港奶茶，故愛看他貼的照片，有望梅止渴之意。香港奶茶茶味濃，色澤高。一杯奶茶，加兩勺白糖，甜澀交疊，是我認為最佳的黃金比例。

以前常有人問，去香港早上可有吃過飲茶？就是一壺茶，幾盤小點大點，可以坐很久，當地人還會邊吃邊讀報的那種。其實這類的早茶，不只是廣東或香港獨有，江浙一帶好些地方也是這樣吃早點的。去香港多回，我還不曾吃過那樣的早茶，到了這裡只喜歡去茶餐廳。

因為有奶茶喝。

奶茶喝著喝著，心裡也有張名單，若到灣仔，就去金鳳。若到上環，就到海安，要是走上了半山電梯，那麼蘭芳園是一定要去的。如果行程都沒經過，那麼隨便走進一家茶餐廳，味道也都頗好，不大會讓人失望。

茶餐廳的熱奶茶，用的多是重墩墩的低矮厚瓷杯，拿起來一點都不輕鬆。伙計送來時，是「丟」，或沿桌邊「滑」到面前，功夫練得挺好，但溢灑杯盤的狀況也時有。人到外地，入境隨俗，理解他們貪「快」的步調，也就不大在意。到這裡就要學習「寬容」的美德。真要在意，只會氣死自己。

曾有一回我吃完吐司，奶茶還沒喝完，伙計就拿著抹布站在我旁邊，他一面等著我起身，一面還假意忙看著門口來客。那模樣有點像沒心機的孩子，明明想要這項玩具，又顧左右而言他，但旁人都知道他等待是什麼，服務做得很粗糙。也或許，他就是故意讓我看到他的心機，好快快離去。我常這樣觀察著他們趕客的心理波動，覺得很有趣。其實他也不是針對我這個人，而是對所有來客都如此，如此想來也沒有什麼好介懷的。倒是這類的伙計，這麼積極地拼換桌率，我揣測，如果不是老闆，或股東，就是有獎金等等利多。若非如此，何苦逼人太甚？

但，只要有奶茶可喝，我都能忍受。奶茶無敵。

香港的那個夜晚

前年夏天我到香港，與當地朋友陳熙約了吃晚飯。那日傍晚，他到尖東我下榻的旅館大堂接我，說訂了海港城的泰國菜餐廳。我跟著他一路走過人潮擁擠的街道，在路口行人燈號叮叮叮的催促聲中，突然聽見他說，一個月後就要離開香港到西雅圖，再讀個學位。路上太吵雜，我沒來得及回應，一句話就如擦肩而過的人群，忽地飛逝而過。

走進偌大的海港城，找到了餐廳。這餐廳很寬敞，臨窗可以看見海，還有停泊的郵輪。兩個人點了四道菜，每道菜都辣得過火，像七月的暑熱。慢慢地，說的話比吃的菜多，又覺得冷氣太冷，吹得人不好受，我提議：「到岸邊走走吧。」

從海港城出來時大約八點多，在許留山[1]買了兩杯芒果冰沙，路過天星碼頭時，熙問我還吃不吃得下，說裡邊有泰昌餅家的分號，蛋塔很好吃。我搖頭說吃不下。

我們沿著文化中心旁的海岸走，看著讓人目眩神迷的維港燈火。我是十年前因為工作緣故認識陳熙的，他小我數歲，後來成了很好的朋友。他曾與他女友來台灣找過我，而我每回到香港，他也都會抽空陪我吃飯。有一次，他正好從日本旅遊返港，還帶了一大盒在東京買的手信給我。

我們在堤岸找了個臨海的椅子坐下，兩人沒邊沒際地閒聊。突然話題一轉，他問我是否還記得語翔？我說記得，很活潑的一個女孩。翔是熙的女友，正確地說應該是前女友。

他說：「她前年移民去澳洲，有一次在網路上遇見，問她好不好。那時她曾主動相約，回香港要一起喝咖啡。我一直記得她說的

1　許留山是香港的連鎖式甜品店，售賣甜湯、甜品和小食等，以芒果為主要食材。

話。上月尾，我從其他朋友的口中聽到她回來的消息。那幾天，我手機不敢關機，就怕她找我時我沒接到。我甚至每天都想著，如果她打來，就跟她約在中環一家新開的咖啡店，那裡有她愛吃的戚風蛋糕⋯⋯」

他不好意思地笑了一下，岸邊的燈火映在他俊秀的臉上，透顯出一種看不清表情的光暈，又接著說：「但她沒有找我，又離開了。」

「怎麼沒想要主動聯繫她？」我問。

「如果她想見我，她會來找我。如果她沒找我，也許她覺得沒有見面的必要。那我又何必自討沒趣。」

「怨她嗎？」

他抿了一下嘴唇，彷彿極力壓抑翻湧而上的情緒，搖搖頭：「有什麼好怨的？就是拐了一個彎，碰到了一堵牆。」

他平緩地說著，我卻湧起一陣酸。不知道該怎麼寬慰他，剎時覺得口中甜膩的冰沙有些反諷，遂將杯子放置一旁，不打算再喝。

我抬頭望向對岸綿延的高樓，韡燁的燈光，還有天星輪在海面穿行。夜晚的溫度不像白天那樣燠熱，海上有風輕輕地吹來，天氣清朗，遠遠的可以看到對岸的摩天輪，還有太平山上的凌霄閣。

我們一直坐到夜色漸濃，岸邊的人群也逐一消散，才起身離開，一起走往地鐵站。到閘口時，我說：「你就從這裡搭車，不用送我。我沿著地下道走回旅館，很安全。」

他起初推辭，最後還是聽了我的建議，轉身前鄭重地說：「可以這樣跟妳看看風景說說話，我覺得很高興，下次見面不知道什麼時候了。」

「總是有機會。到西雅圖要好好的。」

他笑著說了再見，帥氣地刷卡入閘。

而我看著他清瘦的背影走進人群中，心裡想著：此地一別，願你隨遇而安。

倏忽的一念

一張紙條，摺成一小長方。不知在筆袋放了多久了，朝夕晨昏地跟著我行走奔波。

紙上有一句話，是我的筆跡，簡單的八個字，似是心願，也是心念。前些日子打開時卻不知何時所寫，又或是為何而寫。

那是京都一保堂的懷紙，紙張已磨出了毛邊。前幾年因為學習茶道，總會尋找各式各樣的懷紙。在茶道中，懷紙多用來盛放和果子，又因為紙張放置於懷中，需要時才取出，故有「懷」字。

沒有再去茶道教室上課之後，懷紙成了我平時紀錄的短箋。此時的「懷」，不再是和服右衽的襟懷，而是成了象徵意涵的心懷。我並不常用這紙寫字，用的時候都有慎重之意，哪怕只是寫下一閃而過的念頭，或是一段簡單的文句。

我沉思許久，才隱隱想起了這紙片上文字的來由。

前年去杭州，有天晚上我坐在床邊的沙發上寫筆記，用的就是這紙張。我一張一張地寫著，但因為過於疲累，不知不覺打起瞌睡。半夜醒來，見滿室亮堂堂，又如此陌生，當下有不知身在何方的惶惑。數秒後才醒寤：是在旅館，方才我睡著了。

隨即起身收拾散落一地的紙片，然後走到落地窗邊。外面是黖黑的天空，那時正逢梅雨季，雲沉星黯。我微微地推開窗，感覺外邊潮濕而溫暖的空氣。低頭往下看著空曠的街道，街燈朦朧，人跡寂寂。

那句話，就是那晚寫下白日散步時，腦裡閃過的一瞬。

那段時間杭州連日雨，僅有一日放晴。當日我早早出門搭公車到西湖，在楊公堤蘇堤一帶散步。西湖對杭州人而言是座大公園，我閒步時不經意地看見一對中年夫婦，帶著白髮皤皤的母親。夫婦倆在湖畔找了一張石椅，並鋪上一條大方巾，鋪好後仔細地扶著老母親坐在那方巾上。

我靜靜地看著，思忖：這樣的晨光真好。

這裡有人散步，有人慢跑，有人自備茶葉熱水悠閒飲茶，有老先生對坐下棋。那時還見到一位大約五六歲的小女孩，與她父親從我旁邊經過，那父親牽著女孩的手，錯身時我聽見小女孩說：「爸爸，我餓了。」那男人用渾厚的聲音寵溺地回答：「妳怎麼老是餓啊！」

我旁觀這湖邊發生的家長里短市井日常，心裡有陣陣漣漪蕩漾。

杭州是一個極詩意的地方，不論山景湖景都讓人悠然心會，但妙處卻又難以與君言。其中西湖更是閭巷煙火與幽寂山林的交界，也是素手撥清心的一片芬芳，走在雲山秀水間，人也薰染一身楚楚風姿。

我一路走到西泠橋，橋頭有蘇小小墓。她是六朝時期極有才華的歌伎。墓旁碑文介紹，說她外貌秀麗，風骨高潔，生平最喜西湖景，經常流連其間。只是原本的墓已毀，眼前這座是十多年前重新修葺的。讀完碑文後我信步上橋。

橋上行人步履遲遲，橋下湖水微波蕩蕩。天光蹀躞，荷田翠潤迢遞。在如此怡雅的景象前，也想起一位如景色般怡雅的人。那人是我喜歡的，只是那種喜歡，很淡很淡，淡得如天邊的那朵雲，一陣風吹過，就下落不明。

有時我們以為喜歡很容易，像是喜歡一首歌，喜歡一句詩，喜歡一本書，甚至喜歡一個人，但其實喜歡並不容易，那是選擇而來的。

那份懸念，從模糊到清晰，從單薄到飽滿，終化成一句說來尋常，不灼不熱的八個字。我面朝湖水，將當下的心思平和地緩緩唸出，如祈禱般鄭重而虔敬。關於未來我掌握不得，能做的僅僅是記住這稍縱即逝的剎那。這剎那，沒有占有的妄想、沒有偏執的羈絆、沒有挫折的心傷、沒有糾葛的不快，同時也沒有翹首企盼的殷勤。

忽覺得在感情上能保持這樣疏淡與節制，應當心喜。這樣的喜悅自給自足，不需旁人給予。它具備著行為與思想的自由，知道自己追求什麼，捨棄什麼，如此才能空闊無染，雲水隨緣。

那天夜裡，我回溯日間的行跡，明白意念從何而來，於焉寫下。而在寫成文字之後，它也自成一個我撼動不了的世界。它有它的路要走。

有些記憶浮光掠影，有些記憶深印於心。時空也許會將那倏忽的一念，變得雍容而清華，如雨後的花葉一般。

「想見的人，總會相見」。

小喜

小喜，見到我時總是喊我姐，說我長得像她的親姐姐。大概是因為這個原因，她特別信任我。十年前認識她，她剛從北京嫁到台灣，跟著丈夫經營一家咖啡店。她來台灣三年，生了一個女娃，後來離婚，獨自回到北京。當中的原由我不便多問，只知道她離開台灣時，狀態並不好，像一朵枯萎的花。

前幾年我去北京，行程很緊湊，只有短暫的空檔。我其實不抱見面的希望與她聯繫，我說：「不要有壓力，沒有空也沒關係，只是想知道妳好不好。」

才剛說完，她馬上在電話裡回：「姐，妳都老遠來了，我一定能騰出空。妳說這話不是見外嗎？只是才三小時啊！去過景山了嗎？要不我帶妳去那兒逛逛。」小喜聲調高昂，像火箭似地迅速說完全部的話。

那天不是假日，見了面才知道，她是跟公司請了假出來的。景山在故宮北邊，與神武門隔街對望。它在歷史上最著名的事件，大概就是明朝末年，李自成攻入皇城，崇禎皇帝倉皇地從神武門逃出，在景山的一棵槐樹下自縊。如今那棵老槐樹已魂歸西天，取而代之的是一株年輕的樹，樹旁有一個紀念碑，寫著：「明思宗殉國處」。

在明朝為數不多的明君裡，崇禎是其中的一個。他像是一顆白子落到被黑子圍困的棋局裡，終究敵不過亡國的命運。我在碑前站了一會兒，看著「殉國」兩個字，彷彿看見四百年前，那個才三十三歲，卻已萬念俱灰的朱由檢。

我們沿著階梯上山，小喜說，剛回到北京，以為自己撐不下去了，很長的一段時間都窩在家裡，哪裡也不想去。如此過了半年，想想人生還長，為那樣一個人糟蹋自己多不值得？碰巧那時家人介紹了一個環境與待遇都不錯的工作，也與自己的本科相關，決定再試試。

我們一路走到半山腰，對向正好有一群遊客浩浩蕩蕩地下山，我跟小喜往邊沿靠，讓出路。我們靠邊時，小喜拉緊著我的手臂，擔心我沒站穩，同時低聲的在我耳邊說：「姐，我覺得我已經死過一次，但我現在挺好的，這是真的。如果沒有那時的辛苦，我不會體會到現在的尋常多麼不容易。」

小喜神態自若，語氣堅定，比起之前開朗許多。我不知跟她說什麼，心想，人對於一件事的釋懷，有時不是依賴時間的流逝，而是明白自己曾經發生了什麼。感情的事，外人總難置喙，但我知道那時她是有委屈的。

景山嚴格說來並不是「山」，它是近六百年由護城河的淤泥堆積起來的小丘。景山也不高，但高度正好可以俯瞰北京市。我們走到山頂涼亭，找到涼亭旁的中軸標記。這條無形的中軸線，將北京城分成東西兩邊。我在書裡看過梁思成先生說：「北京獨有的壯美秩序，就由這條中軸的建立產生的。」

其實，何止北京城有中軸，很多古老的城市都有一個中軸線。中軸是美的基點，是黃金分割，是形成一個城市流動的主要脈絡。它統攝對立與均衡，蘊含平等與尊重。若再往深處想去，這些意涵，不單是指城市規劃，也像一個人在面對世間人情時，秉持的那一道不偏不倚的脊梁。

從景山往下望，如曠野裡刮過一陣風，將氣勢磅礡的紫禁城如長卷般鋪展開來。紅牆明麗，黃瓦灼煥。這座宮殿，呼風喚雨六百年。而六百年歲月就這樣，說過去就過去了，不過就是一轉眼的工夫。

小喜帶著我沿著山上涼亭走了一圈，指著遠方說：鼓樓在哪兒、天壇在哪兒、北海在哪兒……。我望向遠方邊聽邊想，究竟是怎樣的領悟，讓她將昨日的深谷，換作今日的淡然；讓那些灼傷人心的，終成檣櫓灰飛煙滅？人的命運不也像歷史的規律，起伏有時，榮悴有時。甚至以為自己已走到山之窮水之盡，倏忽間又能峰迴路轉柳暗花明。

我沒有想到，能跟小喜在景山再見一面。當年她離開台灣時，傳短訊給我，我回她那句「後會有期」說得很心虛，因為知道再見的機會微乎其微。如今我想，人與人之間，如果分別之後又能重逢，那一定要珍重。

那天，我們沒有說將來，將來太虛渺，現在這樣就很好。

朔月

第一次看到「朔月」這個名字，我掩不住心裡的歡喜，覺得這名字有隱逸之氣。初見她那日，是五月。靉靆春光已逝，宇治山邊新夏煥爽。她開了一家甜品店，店名也叫「朔月」。我在網路上關注她許久，看她學陶藝、學茶道，還有寫一些簡短如俳句的生活感觸，字句清透靈動，讓我忍不住想認識她。

走進她的店，小巧玲瓏，光線岑翳昏曖。入門處的矮几上，有只米白色的陶製花瓶，斜插著一束帶著田間野氣的鵝黃色花朵，將原本微暗的空間交錯出一種和諧的光彩。屋內樸素但不簡陋，精巧但不繁複。那天她穿著一件天藍色的印度式的衣裳，輕盈別緻，滿臉笑的迎我。

她是台灣人，年紀長我幾歲。二十多歲時在京都學語言，後來結婚，定居在京都南邊的宇治。那幾年我常去宇治，去過她店裡幾次。有回我們聊天時，她看到店門外一個小女孩嚶嚶地哭泣，旁邊沒有大人，似是迷路。她當時中斷與我的對話，快步走出去安撫那女孩，用日語細聲的問住哪裡？有沒有電話之類的。後來那女孩的母親尋來，牽過女孩的手，一直跟朔月鞠躬道謝。那短暫的插曲平息後，朔月才緩緩地跟我說起以前的事。

她說幼時父親因病過世，母親返回娘家，此後她與祖父祖母同住，也由他們帶大。大約七歲時，那日不知怎麼，突然很想念母親，想跟她說說話。她等到傍晚，客廳沒人時，偷偷拿起話筒。那時的電話不是按鍵式的，還是舊時的那種旋轉式的撥號鍵盤，她很緊張地撥了掛在牆上表格裡的其中一串數字。彷彿蓄謀已久，她清楚地知道哪一串是她外婆家的號碼。她心急但又很冷靜地慢慢撥著，看著數字一圈一圈地劃過去又轉回來，她的心情也似那繞著圓圈的數字重複迴旋。當時她很怕被發現，不是擔心被責罵，而是怕被人發現她的脆弱。她那時大概知道自己是被丟下的孩子，打這通電話帶有一絲乞憐的意味。

「後來呢?電話有接通嗎?」我問。

接通了,接電話的是外公。外公聽到她的聲音很驚訝,但馬上慈藹地說:「妳媽媽出去工作了,要下禮拜才回來。」她不記得有沒有說再見,也不記得有沒有哭,只記得很失望,很難過,然後尷尬地掛上電話。

好像從小就很淡定,很壓抑,掛上電話後當作什麼事都沒有,將心情隱藏得很好,當時沒有人知道她曾經打那通電話給母親。她說:「那是唯一的一次,後來,我沒有再用同樣的心情打過這樣的電話。這大概也是我看到剛才那孩子無助地哭泣,心裡隱隱一陣痛,好像看到以前的自己。」

常常想起童年,像桌上這盞茶,淡淡的苦澀。拙於表達情感的人,往往需要走很長的路,才能疏散心中的種種壅塞。但時間久了,很多心思經過反覆清洗與沉澱,早已除去火氣與感傷。

她又說起在日本其實有些寂寞。不是冷清,不是孤單,也不是朋友不多，就是寂寞。那種感覺就好像在一個場合坐得太久，談得太多，說著說著嘴裡講的與心裡想的全不是同一件事，語言如脫韁野馬，自顧自地奔馳到天邊，但心還靜止在原地，這也是為什麼去學茶道的原因。茶道讓人沉靜，讓人透過五感六覺去認識外在的世界。雖然所有的「當下」轉眼成空，但只要用心對待，就能讓它不滅，在心底長存下來。這樣也可以清楚地看到自己是如何走到今天的境地，不至於終日渾渾噩噩，奔波庸碌。畢竟不年輕了，沒有多餘的歲月可揮霍。

她的店鄰近公園，公園裡常有人散步、有人寫生，有人對花樹凝望。她說她閒時會站在窗邊，看人群從紛沓到寥落，看春花爛漫夏綠盎然，看飛鳥從更深的山裡成群飛出，這樣看著心裡會有安寧產生，知道這就是人間的秩序。

她說這些話的時候，語速從容，眼神鎮定。我覺得像她這樣的人，能擔得起風雨，也能享受彩虹。

寫這篇文章時我問她：「這樣寫妳，妳介意嗎？」

她說：「不介意。朔月，本是平凡窳陋，連「月」都不是呢，經妳這麼一寫，好像說出自己沒被看見的性格，成了望月。能這樣被記得，我覺得幸運。」

如雨後的一道虹

三年前，朔月說要帶著我去見一個人，那人姓張。朔月說：「妳一定會欣賞這種類型的創作者。」

見到張那日，剛下過一場雨，日陽燦出，朔月與我在他工作室門外屋簷下等他。他快步走來，髮上還有雨珠點點，開口便道：「我來晚了。」然後摸索著鑰匙開門。

那是一間舊磚樓，屋外種了些植物，一樹桂花正綻放，有甜香縈繞。

朔月委託他拍系列影片，此行來討論拍攝細節。

我們齊進屋，他開了空調，從冰箱拿出果汁與礦泉水，隨即打開電腦確認工作進度。正事聊完後，因為他與朔月本來就熟識，於是閒坐聊天。

我們談話的長桌上，有一只古樸的木頭，雕刻著簡拙的蓮花圖案，帶著一種東方哲學的意味。

屋子的一面牆懸掛許多他旅行時拍的照片，有闃寂無人的街道，有閒坐望遠的老人⋯⋯。其中有張照片，是位女孩，臉圓圓鼓鼓的，帶著燦爛的笑容。說美，也不美，但那純真的神情，讓人願意將目光留在那裡。

他見我盯著那張照片，走過來說：「這是我女兒。」

他是一位攝影師，也是個電影剪輯師。年輕時曾在電視台打工，做過燈光助理，也做過攝影助理，有時攀高有時負重，卻也從這些行當裡學到了安生與溫飽。

他說自己的生命歷程時，沒有一句誇耀成就的話，這在以聲名為重的今日社會是少見的。

朔月提到我老家在海邊，他隨即說起他小時候住的地方，也是一個小小的海島，也許是看太多海了，成年之後反而喜歡看廣袤的大地，是對土地的渴求吧。那時島上有好幾間廟，也不知是佛教還是道教，但家中長輩從沒有帶過他去拜拜，大概也沒有什麼宗教信仰。他還說，那時養蜂，數量不多，也就幾個黑色木箱，家裡常有蜂蜜可吃。有次跟著去養蜂的地方玩，還被蜜蜂在臉上螫了一下，腫了一大包，真疼。養蜂附近是一大片沒有修整的野地，銀合歡、夾竹桃、相思樹，更多是不知名的樹種，長得魯莽而野烈，一點也不細緻。還有隨處可見紫藍色的牽牛花，無所畏懼地攀著樹，攀著屋頂。成年之後才知道日本人給她取了個很美的名，叫「朝顏」。

他繼續說：很多事情都是長大之後才陡然明白，比方說：「莽荒」。以前我的世界是這樣的荒。這種荒，是沒有經過文明修整的莽蒼，也是所處環境的蕭瑟。如今我們接受教育，接受美學的浸潤，接受文明的繩墨，再回過頭去看這種莽蒼與蕭瑟，反而有一種遠迢迢的磅礴。就好像莽撞的人都帶著一點不知天高地厚的孩子氣。人懂得愈多，就愈如履薄冰，做什麼事都愈發膽怯，因為覺得自己渺小。

朔月回：「不是每個人都這樣的，有自覺的人會覺得謙遜，但有些人反而就愈發自大。倒是你說的莽荒，我很欣賞。你的照片也有這種意味。你覺得美是什麼？有沒有『莽荒』在裡面？」

他想了一下，說：有天晚上很冷，我在車站外等紅燈時看見一個年輕女人，買下街口一位賣花老婦所有的花，那些花多是紅色玫瑰，大概有二十幾朵，還有一束滿天星，其實這兩種花搭配起來有一種難言的俗麗，但那買花的女人絲毫不在意，問了多少，一邊付錢一邊說：「謝謝啊，沒花賣了，妳趕快回家吧！天這麼冷。」那老婦還找了她幾枚零錢。我看見這一幕，忽覺得那年輕女人很美。她不是為了討好某人，不是為了獲得某物。我甚至覺得她其實也想不拿那些零錢的，但她收下了。當時我明白，她收下是因為她想傳遞的訊息是買賣，而不是憐憫與施捨。

因此我覺得，美的元素中，要有為人著想的尊重與體貼。外在的美，可以偽飾，可以營造，但內在的美，就像一塊玉，溫潤凝和。所以我不拍那種浮淺沒有底蘊的唯美畫面。

他笑了一下，說：「我也不知道這種堅持好不好。但對收入來說，肯定是很不好的。」

我們暢意言笑，像魏晉人的清談，聊的都只是無助於國家民生的精神話題。

那日之後我沒有再見到張，但那場會晤，卻如雨後湛出的一道虹，短暫而清晰，在我心底臨風昳麗。

今年的花開正好

車子往山裡走的時候，藍天麗朗，日光明晰。

在一個尋常的下午，朋友小北傳來訊息，約我隔日到三峽賞櫻與野餐。巧的是，在收到這個訊息的前一日，我曾閃過「好想去看花」的念頭。

小北是個愛花的女子，前幾年去西藏林芝看桃花，去年她原本計畫四月去洛陽賞牡丹，後來因為中國疫情爆發，又改了機票到日本，如此不撓，為的就是看一眼花開滿城的繁麗盛景。至於後來，我們都知道，那一年不論計畫去哪裡，最終都無法成行。

我也喜歡花，但我更怕人多。花開時再冷僻的景點都人滿為患，再加上賞花適宜三兩好友結伴同行，獨自一人太孤單。所以任憑臉書上櫻花照片從四面八方襲捲而來，我也只是想想罷了。

與朋友相約賞花是這樣的：正好花盛開，正好有餘暇，正好起興致，正好同行之人是彼此心喜的。所有的一切恰到好處，才能成就一趟旅程。

小北傳訊來的那天，我正好要拿吉他去還她。三個月前，我想學吉他，就找了她指導，那時她慷慨地借了我一把，說：「先用我的練習，覺得可以了再去買。」遺憾的是我意志不堅定，沒有那種「可以」的時候。三天打魚兩天曬網，三個月後，我連和弦都還沒彈順就堅持不下去了。

她人長得美，吉他彈得好，歌聲也動人，溫溫柔柔，徐徐緩緩的，聽她唱歌是一件很享受的事。第一次聽，她三十多歲，唱一首〈三十歲的女人〉。到了四十歲，她改了歌詞，唱了〈四十歲的女人〉。四十歲的女人，人間的風暴沒少見，但她眉眼之間全是散淡的不經意，其實萬千滄海已過。

相約賞花那日十一點半，小北預約的司機來接我們。同行的還有善烹飪的溫蒂，溫蒂清早就下廚，烹製了當日的午餐。我看著她製作的賞花便當，萬般佩服地說：「如果讓我準備，我肯定只到麥當勞買漢堡薯條帶上山而已。」

溫蒂年輕時住北美，後來返台定居。廚藝很好，風格以西式為主，食材多樣且色澤繽紛，簡直將作菜當作畫。知道我工作忙，對吃也不甚講究，常常只要煮了特別的菜，就會邀我去吃飯。

因為小北的本業是醫生，在車上時我好奇地問她：「沒門診嗎？要不怎會約這時間上山？」

小北說：「我早上剛開完一個刀。」

乍聽時非常驚詫，以為聽錯，又確認了一次。因為「開刀」與「賞花」這兩件事，是南轅北轍毫不相干，甚至心情也應該是大相逕庭的天差地遠，很難打包兜在一起。她說得理所當然稀鬆平常，我卻彷彿聽到一段不可思議的現代傳奇。她接著又說：「離開醫院時，到醫院的便利店本想買一瓶酒帶上山，怎麼知道醫院的便利店沒賣酒……」

我笑了起來。此時貼心的溫蒂說：「我帶了一瓶酒精度數很低的粉紅酒，適合賞花。」

於是，我們就這樣迎著春天的暖陽，一路到了三峽。山上空氣好，溫度也合宜，而吉野櫻開得無比繁華，讓人願意在這樣的山野花間虛度光陰。這是一個私人，沿山而建的櫻花園，山徑陡峭，不容易走，但櫻花種類繁多。有些品種的櫻，已長出青綠的新葉，而有些正怒放。

櫻花的美，在於它婉麗秀氣的細緻，也在於它赫赫昭昭的放縱，還有清華朗潤的空靈。人們很容易在櫻花的樣貌形態找到與自己相應的性格，以至於幾乎人人都愛櫻。我們在花叢邊選了一張桌，擺上餐盒，酌飲淡酒，無拘無束地閒談著。小北說，這一趟小旅程，圓了她想在櫻花樹下野餐的願望。而當時我沒有說的是，也圓了我賞花的願望。

我們仨，也許各有各的荒唐與奔波，各有各的喜悅與憂傷，也各有各的經歷與故事，歲月拍落了我們身上的許多塵埃，生命也急緩交錯地走到了這個階段。三人花下對坐，同賞春日翩躚，春光芳馥。那些曾經以為渡不過的糟粕濁浪，都成了雲和風揚，盈袖暗香。

山風蹀躞，花樹搖曳，時有櫻花飄落飛舞。忽覺得這樣的景致，像極了明代小品，有嬈馥多姿的嫵媚與清麗。人在花下，也能增添幾分姿色。

登高望遠，青山翠鬱間有櫻花簇簇，滿眼盡是自得的美意。

今年的花開正好。

新年安康

雖然與你不做深交，卻也不曾遺忘。

常常想起你，想著要給你傳個訊息。然後坐在電腦前，仔仔細細地打好字，複誦一次，修改一兩句話，再複誦一次，覺得字句客氣而穩妥，可以按下傳送鍵，卻又在某個千萬分之一秒的霎那，將方才斟酌再三的文字一一刪除。

這樣患得患失的忖度，是不知這訊息發出去，是否太唐突？不知對方收到後，是欣喜？還是心煩？畢竟也沒什麼要緊的事，若是純粹說說生活上的感觸，哪裡值得發一個長訊息去打擾，對方還得花心思回覆。若說：「突然想起你」，又考量彼此情分似乎也沒那麼深，難免彆扭說不出口。

如此狀態，好像一束曖昧的日光，逡巡在自己心上，遊蕩著，沒有往前走，最後逐漸淡去，終歸沉寂。而你，終究不知我曾經的百轉千回。

現代網路太迅捷，消弭了空間的遠近。收到訊息要即時回覆成了社交禮儀，哪怕正在擠捷運或走路。因為太即時，遣詞用語難免禁不起推敲，之後發現有語病，常使人心生懊悔。又或是，用心地寫下一串文字，但對方可能因為收到時正忙碌，匆促間僅簡單地回覆一個貼圖，當下也會有心意被辜負的憂傷……如此一來，傳訊息這件事總讓我躊躇。因為從按下傳送鍵那一刻起，就得陷溺在混濁的焦慮中，安靜不得。

想起北京歌手趙雷。他在某一年連趕了好幾場演唱會後，在車上突然對工作人員說：「我不想要再這樣一場接著一場的唱了，這樣的日子讓我很不開心，我現在只想要逃離這些人，安靜下來寫歌。」

那次巡迴演唱會之後，他沉寂了一陣子，並有感而發地寫了一首〈靜下來〉，其中有句歌詞：「我想應該靜下來睡一個覺，我想應該靜下來想一個人」。

靜下來，也是慢下來，以本心為依歸，不再被外在事物操控主導，那是一種細膩而單純的快樂。當一個人對外界的喧囂產生扞格與不適應時，其實也是一種警醒，警醒自己已偏離軌道。能靜下來，已是難得，而「靜下來想一個人」，又是一份慎重，一份不為人知的心念。

於是我思索著，「想念」是什麼？是一個偶然的觸機，將對某人殘片般的記憶聚合起來。這樣溫柔的心緒，捉摸不得，卻又確實存在。它牽繫著兩方，一方是我，一方是你，而兩者之間最大的隔閡，是距離，是遠山與滄海，是大地與長天。

我喜歡靜下來想一個人的心情，就如同我想念你。如果距離是必然，那麼就用時間呈現它的必然。

也因此，就算是在網路時代，每逢歲末新年這段期間，我總會寫一張卡片，黏上封口，貼上郵票，然後讓它篤定岑寂，緩緩地走向你。我不需要特別說明，但你會明白，這張卡片走過荒煙十里的寒塘，也走過璀璨流麗的銀河。我不需要你的回應，因為在寄出的那一刻，這份心意已經圓滿。雖然我還是會想像著，當你收到時，它也許在你的掌紋中裂出一線光，將空氣碎成一地琉璃。

這一線光，這一地琉璃，是經由時間與空間的轉化昇華，將顛沛醞為安和，將涼薄釀成溫厚。它們可以隨時說話，也可以隨時消失，親近或疏離，全在你的一念。

我的字跡鈍拙不美，內容也無非是「希望你好，新年安康」這類沒有飛花綺采，沒有頓挫翩躚，是驚動不起一絲漣漪的尋常無華。但我寧可尋常，也不願它如絢爛煙火般短暫，如歡歌急鑼般媚俗，而是真心實意地希望能為你點上一盞長明燈，倘若他日當你陷困於黑暗時，分分秒秒都有光守護。

如果曇花一現，是等待了一整個白晝，那麼我寄出的這一張卡片，則是蟄伏了三百多個日日夜夜。

記得有一年，你在你所定居的城市落下第一場雪時說：「原來下雪時沒有聲音。」

雪的寧靜，是孤獨的清澈。雪的潔淨，如最美的人，與世無爭。

寄出卡片的那天，台北的雨無比朦朧，但我知道，你那裡的雪一塵不染。

後記 相信來日可期

《邃古的寧靜》是我的第二本書。兩年前如果沒有人間福報覺涵法師的專欄邀約，以我閒散的性情，大概還是「我行遲遲*」，什麼都遲，什麼都慢。可以這樣說，若沒有這個專欄，我是無法完成這些文章的，同樣的，若沒有秀威支持出版，也不會有這本書的完成。由衷感謝人間福報與秀威資訊。

在決定出書後，承蒙楊明老師與郭朝順老師的垂青，在百忙之中為我寫序，兩位老師的推薦，對我來說是莫大的鼓勵，我銘感於心。也謝謝一直以來給我善意的師長、朋友與讀者，真心希望大家喜歡這本書。

* 作者在人間福報副刊的專欄名稱。

這本書校對時，台灣正處於新冠病毒擴散的危機中。一個國外的朋友聽聞台灣疫情，傳來訊息：「妳還好嗎？」

我很好。只是瘟疫蔓延，人心浮動，我也沉溺在這樣的不安中。身體無恙，心卻不舒坦。做什麼事都混混沌沌不爽利，讓人更加心慌，彷彿置身於一個黑暗的甬道，見不到光亮。

我希望能讓自己安靜下來，卻都無濟於事。正當我愁苦於這樣的焦慮時，讀到一則簡短的故事：

有一個小和尚去問師父，他說自己不開心了，想知道怎麼才能開心。他的師父笑了，跟他說：「把不開心放下，剩下的不就是開心了？」

故事很簡單，說的道理也是佛家常見的「不執著」，但我對這句話反覆琢磨，詢問自己緊緊抓住的不開心是什麼？如果這個不開心的原因是我能解決的，那就想辦法解決它。倘若不是，為何還要苦苦背負這樣的重擔？

我在校對的過程，又一篇篇仔細地閱讀著，彷彿又重新經歷這些美麗的景色，這些曾經的怦然心動，書裡的文字似乎也激勵著我要對未來懷抱希望。

世界上有很多種等待，其中有一種是來日可期——想起一個遠方的友人，曾說回台灣要與我見面，從他說過之後，我就期待著，期待有一天世界重啟，我能如願再見到他。還有在西安認識的姜黃，我們約了一起到五台山看唐代佛寺，看佛寺前的那棵百年銀杏。還有西安小屋的歌手們，我允諾再去時會帶好吃的台灣名產，謝謝他們幫了我一個忙。此外更多的是我已做好的旅行計畫：要去敦煌莫高窟，去西安大興善寺，還要去吃油茶麻花、醪糟雞蛋、丸子砂鍋……。

有想見的人，想去的地方，想吃的食物……想起這些我心底開始微微閃爍著光亮。既有過往可憶，又有來日可追，我怎能低沈？怎能心焦？

那麼此時的閉門蟄居就當成養晦，是退守待時，是養好自己的心，以待來日的繁花似錦。我覺得這裡的「心」，就像《薄伽梵歌》裡說的「靈魂」，書中有一段話我很喜歡：「靈魂永恆，不生不滅，滅壞的只是物質軀殼。」

所有的物質都會毀壞，病毒是，人身也是。唯有保持正念與光明，讓心柔軟而堅韌，才能刀不能砍、火不能焚、水不能淋、風不能侵。

養晦，也是讓心安靜。安靜並非什麼都不做，而是選擇獨自面對自己，並含藏敏銳的生命力。人若能善念多於惡念，就能體會生命的美，同時也能創造出對未來的熱情。

想起有個朋友跟我說，在櫻花盛開之後，會有一段時間花葉並存，也就是櫻花漸落但尚未落盡，枝上已長出嫩綠的新葉，這時期的櫻花又稱做「葉櫻」。

葉櫻，代表著曾經盛大華美逐漸褪盡，新的葉芽又再一次地輪迴。知道春盡夏來，物質沒有恆常，只有此消彼長的規律。當我們接受這樣的規律，很多事情也許就會豁然開朗。

如果瘟疫尚未平息，那麼我唯一能做的，只是安靜平和地等待。

這是對當前處境的婉轉抗議，也是對更好的自己隱隱嚮往。

相信來日可期。

釀文學252　PG2551

邃古的寧靜

作　　者	葉含氤
責任編輯	姚芳慈
圖文排版	蔡忠翰
封面設計	王嵩賀

出版策劃	釀出版
製作發行	秀威資訊科技股份有限公司 114 台北市內湖區瑞光路76巷65號1樓 電話：+886-2-2796-3638　傳真：+886-2-2796-1377 服務信箱：service@showwe.com.tw http://www.showwe.com.tw
郵政劃撥	19563868　戶名：秀威資訊科技股份有限公司
展售門市	國家書店【松江門市】 104 台北市中山區松江路209號1樓 電話：+886-2-2518-0207　傳真：+886-2-2518-0778
網路訂購	秀威網路書店：https://store.showwe.tw 國家網路書店：https://www.govbooks.com.tw
法律顧問	毛國樑　律師
總 經 銷	聯合發行股份有限公司 231新北市新店區寶橋路235巷6弄6號4F 電話：+886-2-2917-8022　傳真：+886-2-2915-6275

出版日期	2021年8月　BOD一版
定　　價	330元

讀者回函卡

Printed in Taiwan

國家圖書館出版品預行編目

邃古的寧靜/葉含氤著. -- 一版. -- 臺北市 : 釀出版,
2021.08
面； 公分. -- (釀文學 ; 252)
BOD版
ISBN 978-986-445-480-8(平裝)

1.遊記 2.旅遊文學 3.世界地理

719 110009462